人生，赢在投资

愉快投资、稳定盈利，才是长久之道啊！

赢在投资

[牛股是怎样炼成的]

YINGZAI TOUZI

从零开始，将最经典的投资理论、方法和技巧，用最通俗的语言、最详实的案例——展现出来，让我们看了就懂、懂了会用、用了能赚！

李 凭 著

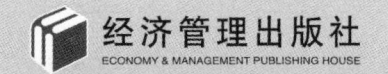

经济管理出版社
ECONOMY & MANAGEMENT PUBLISHING HOUSE

图书在版编目（CIP）数据

赢在投资：牛股是怎样炼成的/李凭著. —北京：经济管理出版社，2019.3
ISBN 978-7-5096-6403-2

Ⅰ.①赢… Ⅱ.①李… Ⅲ.①股票投资—基本知识 Ⅳ.①F830.91

中国版本图书馆 CIP 数据核字（2019）第 028016 号

组稿编辑：杨国强
责任编辑：杨国强　夏梦以
责任印制：黄章平
责任校对：董杉珊

出版发行：经济管理出版社
　　　　　（北京市海淀区北蜂窝 8 号中雅大厦 A 座 11 层　100038）
网　　址：www.E-mp.com.cn
电　　话：（010）51915602
印　　刷：三河市延风印装有限公司
经　　销：新华书店
开　　本：720mm×1000mm/16
印　　张：12.25
字　　数：234 千字
版　　次：2019 年 4 月第 1 版　2019 年 4 月第 1 次印刷
书　　号：ISBN 978-7-5096-6403-2
定　　价：48.00 元

·版权所有　翻印必究·

凡购本社图书，如有印装错误，由本社读者服务部负责调换。
联系地址：北京阜外月坛北小街 2 号
电话：（010）68022974　邮编：100836

前　言

有没有这样一本书：从零开始，将最经典的投资理论、方法和技巧，用最通俗的语言、最翔实的案例一一展现出来，让我们看了就懂、懂了会用、用了能赚？

带着这个问题，我静心钻入学海数载，苦心研读经典数十本，国外名著、国内大作、理论讲解、实战分析……然"采众家之长，切股民之需"者，难得其一。

也罢，冲着"理论源于实践"的信仰，一头扎进市场拼杀，权证、期货、基金、债券、股票……逐一过招，惊心动魄！

十年一梦，股海沉浮得失自知。有"拆东墙补西墙"的落魄，也有三年十倍的辉煌。历经磨炼、蓦然回首、方得醒悟：愉快投资、稳定盈利，才是长久之道啊！

十年一剑，独乐乐不如众乐乐。将十余年所学所历、所思所悟提炼成文，并将中文、哲学、数理、心法、人际等学科至理蕴含其中，既作分享也作共勉，若您能从中得到些许启示，吾之幸也，投资之幸也！

凭　心

2018 年 1 月 1 日

目 录

心法篇

初　心 …………………………………………………… 3
人生，赢在投资 ………………………………………… 8
我的一份投资清单 ……………………………………… 10
如何优选当下投资品种 ………………………………… 15
散户为什么总亏钱？ …………………………………… 23
成功投资者的五颗"心" ……………………………… 29

基础篇

十分钟股市入门 ………………………………………… 35
股票账户十大功能 ……………………………………… 47
常用技术指标解析 ……………………………………… 56
经典技术图形解析 ……………………………………… 74
买入一只股票的三个理由 ……………………………… 108
卖出一只股票的三种方法 ……………………………… 126
散户必备持仓战略 ……………………………………… 141
炒股必知名言警句 ……………………………………… 150

技巧篇

牛股是怎样炼成的 ……………………………………… 159
熊市应该如何应对 ……………………………………… 167

值得布局的超赢板块 …………………………………… 172
几个无风险套利机会 …………………………………… 181
牢记风险控制 …………………………………………… 185
必看资讯平台 …………………………………………… 188

后　记 ……………………………………………………… 190

心法篇

初 心

年过而立，记忆深处有这样一篇文章——《钢铁是怎样炼成的》，文中有这样一句话触动过无数人的灵魂："人的一生应当这样度过：当回忆往事的时候，他不会因为虚度年华而悔恨，也不会因为碌碌无为而羞愧……"现代社会，既充满灯红酒绿的诱惑，又时有百无聊赖的困惑，在人生的每一个重要节点和选择关口，彷徨、迷茫、踌躇满志……或是我们必经的心路。如用些许文字便能记载我们的心路历程，明辨是非、以资成长，实属大幸！

我出生在一个军人家庭，父亲曾参加过抗越自卫反击战，母亲随军，爱情的结晶便诞生在祖国边防重地——广西凭祥，这也是我名字的由来。从小在部队院子里长大，军人就是我的偶像，"勇者为王"就是我的座右铭。院子虽不是很大，但有不少自留地，种了柑橘、柚子等成片的果树，还有一些是各家自种的瓜果蔬菜。这些土地自然成了我们"大闹天宫"的乐园：橘子熟了，伸手可摘，长豆角青青，扯来就吃。那个年代那个院子，一点儿都不担心什么化肥农药，还可在树下搭个木棚，躲在里面玩起过家家，捡来碎瓦当锅，扯来杂草做菜……呵呵！那年代的小孩，生活俨然只有柴米油盐。科学在我们眼里，就是凉爽的夏夜，躺在爷爷编的竹椅上，无须抬眼便可望到的广袤而深邃的星空；也是热闹的春节，此起彼伏腾空而起的冲天炮、挂满房前屋后的冰棱。

小时候的我是个孩子王，母亲说我有两个爱好：一喜欢打架，二喜欢打游戏（三国志，五毛钱两块铜板的那种）。哈哈，反差如此之大，说得我自己都无法相信。但确实如此，我身上留下的三道疤痕就是铁证：第一道在左眼眉尾，不记得几岁时跟童年玩伴抢板凳，被对方砸的；第二道在下巴上，缝了三针，是在两层高的平房上捅了马蜂窝，慌不择路，喊着"不怕死的跟老子一起跳"留下的；第三道在头顶右侧，缝了两针，至今不长头发，但算是唯一一个"正义"的疤痕，是打篮球时拼得太狠，被对方推到篮球架上撞的。现在胆小，也许就是曾经勇气用得过多吧，呵呵。三岁看大、七岁看老，小时候的教育和习惯确实影响深远。

不羁的童年只快活到 7 岁，转折从小学一年级的一次家长会后开始，班主任雷老师（在此特别鸣谢）会后找到我母亲说："你们家的凭啊真是太调皮了，成绩老是班上倒数，我就不明白了，同样是部队院子里长大的，同样是我教的学生，怎么人家夏××就总是顺数第一……"性格好强的母亲哪受得了这等刺激，立刻召集家庭会议严加管教，在我印象中最深刻的一条是"扯眼皮"：父母从作业抓起，一边坐一个，一笔一画教写田字格，从晚饭后直到 11 点！哪只眼皮打架了扯哪只……那个年代，那么小的年纪，那么严厉的管教方法是难以想象的，正因如此，我的成绩也以难以想象的速度，跳涨！在一年二期的中考就强势夺冠，直到小学毕业，连年第一，被冠以"免费生"的称号（不要交学费），父母脸上的笑容也日渐多了起来，而我，过早地明白了"知识创造财富"的道理，嘿嘿！

12 岁，我以全县第一的成绩晋升重点初中；14 岁，因父亲转业回乡，我又转学到了一座陌生而熟悉的城市——家乡，因语言、环境的变化，成绩有所下降，但仍以初中会考全县第三名的成绩晋升重点高中。中小学阶段虽然波澜起伏、异地三迁，但整体还算顺利，在老师的眼中算一个好学生，在父母的眼中算一个乖儿子，还培养了两个影响至今的兴趣爱好：演讲和篮球（文武双全，嘿嘿）。

18岁，终于算是成年人了，哈哈！第一次飞出父母的臂膀，我想飞得更高、飞得更远，可惜因为高考前的一次受伤而折翅（就是那次打篮球破头），连续高烧半个月让我差点名落孙山，勉强上了一个本省的重点，有负长辈清华北大的期望，但倔强的我没有选择复读，而是带着梦想，背起行囊跨入了大学的校门。我的理念是，人生不能回头、没有停顿，只能勇往直前。

我的大学是青色的，青绿的校园、清澈的书生、青涩的爱情；我的大学是红色的，火红的热情、炽红的党章、深红的奖状；大学四年，我背着"哪里跌倒，哪里爬起来"的包袱，鼓起"不成凤尾，也为鸡头"的志气，穿梭于三点一线之间（教室—食堂—宿舍），重新拾回学霸头衔，从校级三好学生到省级品学兼优，从校级一等到国家级奖学金，重新焕发"免费生"的荣光。大学四年，我还深入接触了一些全新的组织：学生会、文学社、演讲协会……凭着一股子冲劲，从干事做到部长再做到学生会主席，满满地体会了一把"书生意气，挥斥方遒"，特别是通过层层比拼，代表学校参加全省演讲大赛获得第一，站上领奖台，听到亲友团们呐喊校名的那一刻，一种史无前例的荣誉感在胸口、脑海久久翻腾……是的，大学四年，如白驹过隙，如今已难以找回曾经的点点滴滴；大学四年，也留有遗憾，专业无所建树，同窗各奔东西。但是，大学的生活和经历对一个人学识的积累、能力的培养、性格的塑造是至关重要的！大学四年也是人生中最纯真、最宝贵、最值得回忆的一段时光，没有之一。

毕业季，为了不在一棵树上吊死，我做了三手准备：一是考研，报考了人民大学的行政管理专业（本科学的理工类），想文理兼修，顺便圆却名校夙愿；二是考公务员，那个年代算是"铁饭碗"，千军万马勇闯独木桥；三是投简历，找工作。可能此生注定与名校无缘，在总分远超分数线的情况下，有一门专业课居然以2分之差落榜，好在上天为我打开了另一扇门：顺利端上了"铁饭碗"，算是人生的一个重要路口，开启一段新的征程。

工作的第一站是最能体验真实国情、最能锻炼综合素质的地方——基层乡镇。"上面千条线，下面一根针"形容的就是乡镇的工作，我很庆幸曾体验过这种生活，最多的时候一个人兼了7个职务：党政办副主任、团委书记、统计站长、经管站长、计生专干、综治专干、驻村干部，小到端茶倒水、写材料、搞会务，大到抗洪抢险、扑山火……工作虽烦琐，但着实锻炼能力、磨炼心性。由此，若您有亿万家财传于后世，建议让您的子孙从基层做起，因为，九层之台，起于累土；千里之行，始于足下！

6个月后，我通过公开选拔考试，进入了一个厅级机关工作（地市级最高行政级别），前后变换了七八个部门，春风得意时曾豪情满怀，当过最年轻的科长（26岁），做过"一把手"的秘书，夺过千人演讲大赛第一，去过众多单位授课；落魄失意时也曾自甘堕落，沉迷四国军棋的拼杀，深陷黄金游戏的刺激（2009年炒权证曾一夜破产，靠刷信用卡东墙补西墙）……一路上，无论如何努力与时间赛跑，终究逃不过岁月的蹉跎，变成了一个名副其实的油腻中年男！

十年弹指一挥间，祖国都已踏上"中国梦"的伟大征程，渺如尘埃的我也悄悄实现了自己的三个梦：一是求学梦，以总分第一的成绩考上了文科类研究生，了却夙愿；二是安居梦，遇到善良贤惠的她，有了一个可爱的女儿和温暖的家；三是发展梦，经历了多次创业挑战，几起几落，身体、性格、思想、素养渐趋平稳，有了较为成熟的为人处世之道，结交了许多志同道合的朋友，人缘、情缘、财源，源远流长。

蓦然回首，与初心对照，十年有得有失，总结三点共勉：身体是革命的本钱，珍惜健康；一寸光阴一寸金，珍惜当下；家和万事兴，珍惜身边人！

放眼未来，沿初心前行，十年厚积薄发，定下两条主线：教育与金融。金融是基础，教育是未来，夯实基础，放眼未来，方可持续发展！

行至文末，老婆问我："看了这么久，也没看到你的初心啊？"呵呵！我笑道："那看了这么久，你最大的感受是什么？"，"折腾！"老婆立答。哈哈！是啊，就是折腾！人一出生就是捏着拳头来的，只有哪天不行了，才会撒手而归。生命不止，奋斗不息！人至中年，已不能像当年一样在球场上飞奔飒爽，但人至中年，应在处事论道中有所积累沉淀。古人云：独乐乐不如众乐乐。若能将多年来的所思所想、爱好专长与志同道合的友人们分享，实属大幸！正所谓，家事国事天下事，事事关心；论股论经论人生，平心而论。

　　有人说：奔跑吧，兄弟！我要说：折腾吧，人生！

人生，赢在投资

人们常说：人生就像一场戏，每个人就是自己这部戏的主角。要演好这个主角很不容易，哪怕专业演员要演好一部戏，也需要健康的体魄、良好的品行、精深的知识、和睦的家庭等来支撑和保障，这些因素不是与生俱来的，而是通过后天锤炼而成！

人们又说：人生是一部奋斗史，生命不止、奋斗不息。而我说得粗俗些，就是折腾史，生命不止，折腾不息，这就是我的初心。但折腾也不是瞎折腾，要折腾得有意义、有价值，这就要对人生有个好的规划，需要学习、积累、总结、提炼和塑造。

简言之：人生，赢在投资！这个投资，是广义的投资，是一个规划、学习、积累、总结、提炼和塑造的过程。它包括方方面面，一路走来，凭心有五点最深感受：

一要投资身体，这是本钱；二要投资物质，这是基础；三要投资学识，这是源泉；四要投资德行，这是保障；五要投资后代，这是未来。

投资，首先是物质基础，要赚足自己的口粮。哲人们说：物质决定意识，经济基础决定上层建筑；古人云：穷则独善其身，达则兼济天下……这些告诉我们，要赢得人生，首先要实现个人的"温饱"，打下坚实的物质基础。若不是出身名门贵族，无论你从事哪种行业、在何岗位，要从"温饱"到"小康"再到"财务自由"确实是一个不容易的过程。然天下难事，皆有其道，投资亦有其道：

一要摸清门道。紧跟政策门，政策指向哪，投资就走向哪，这样才能以最小的投入、最低的风险，获取最大的利益；顺应行业门，隔行如隔山，每个行业都有其发展的最佳时代，如改革开放初期的"摆地摊"、20世纪90年代的"煤老板"、21世纪的"房地产"、现如今的"互联网"（包括大数据、人工智能、共享经济），顺应时代选择行业，无论十年河东河西，都是弄潮儿；重视地方门，"橘生淮南则为橘，生于淮北则为枳"，每个地方都有其特有的气候地理、风土人情，也因此形成了特色产业，如北京的文化、上海的金融、广东的制造、云南的旅游……在什么山唱什么歌，靠山吃山、因地制宜，才是长久之道。

二要拓宽渠道。拓宽知识渠道，知识就是力量，知识创造财富。要尽可能多地涉猎法律、医疗、财经等各类知识，多一种知识，多一条出路，多一份保障。拓宽人际渠道，人是一切社会关系的总和，人缘汇聚财源，要增加投资收益，就要增进人际交往。与高人交，明投资之道；与友人交，助投资之力；与客人交，获投资之源。拓宽资金渠道，以"节流"为本、"开源"为方，既步步为营，又勇于创新，实现保值增值。要留有现金，以备日常所需；要保有险金，以防不时之需；可持有股金，以增发展之机。

三要掌握力道。最主要的是人、物、财三力。三者相辅相成，平衡统一。不同的年龄、发展阶段，不同的行业，各力稍有不同，视情况有所侧重。年轻时，应侧重人力，投资自身学识，积累人脉、增强能力，以期厚积薄发；中年时，应侧重物力，通过搭建平台、整合资源，巧借外力、乘势而上；年老时，应侧重财力，要舍得"散财"，为后代买一方教育、为自己买一份保险。要仗义"疏财"，为他人助一臂之力，为社会做一点贡献。

人生，赢在投资！

我的一份投资清单

首篇《初心》记述了笔者30多年将绝大部分的时间、精力、财力用在了学习和历练方面，积累了一定的经验、能力、人脉和物质基础，前篇为朋友们出具一份个人投资清单，现将大体情况陈述如下：有一个稳定的家庭，夫妻俩都是工薪阶层，女儿上小学，父母均有退休工资，暂无养老之忧。个人在金融投资和教育培训上有一定经验和影响力，通过工作、兴趣爱好、专业特长结交了许多朋友，形成了一个500人左右的人脉圈（核心圈100人、辐射圈1000人左右）。总的来说，物质上实现温饱，工作上基本稳定，事业上良性发展。目前精力侧重于后代教育和事业发展，稍有不足的是前期折腾得太狠，身体和精力拖后腿，正在补课。以下为个人三张详细的投资清单，因每个人的行业、岗位、兴趣等不同，故仅供参考：

一、现金投资清单

1. 家庭日常支出

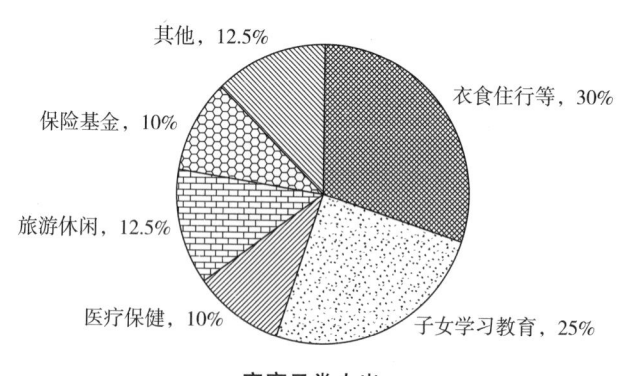

其他，12.5%
保险基金，10%
衣食住行等，30%
旅游休闲，12.5%
医疗保健，10%
子女学习教育，25%

家庭日常支出

说明："其他"包括人际交往、家庭大件购买等；"保险基金"是指除五险一金以外的其他商业保险，如重疾意外险等，顶梁柱占50%左右；每月开销由夫妻双方工资列支，不足部分由金融投资、教育培训等表外收入补足。金融投资的原始资金来源于30岁以前的各项收入积累，目前可实现+20%的年均增长。

2. 动产/不动产比例变化

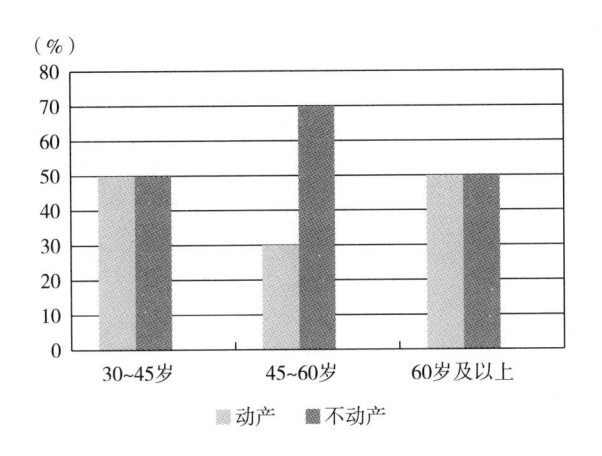

动产/不动产比例变化

说明：动产主要包括现金、股票、基金、债券、股权、知识产权等，不动产主要包括房产、门面、汽车、黄金珠宝古玩等。45岁前，动产以股票、股权等风险收益较高的品种为主，现金债券为辅；45岁后，减少的动产主要是将股票、股权等高风险品种减持，投入房产等不动产；60岁以后减少的不动产主要是将黄金珠宝等变现，成为动产。

二、时间精力投资清单

（1）30岁以前："学习"侧重于书本和社会实践，8小时的"工作"时间中，有2小时与"学习"重叠，一是在工作中有学习，二是随着能力增长，完成工作的时间缩短，可以挤出2小时进行个人自学；30岁以前的"养生"以运动类为主，如篮球、足球等；交际和娱乐各1小时，交际多为广交、泛交，朋友之交，娱乐多为兴趣爱好、与同事朋友间的集体活动、参与新鲜事物等。

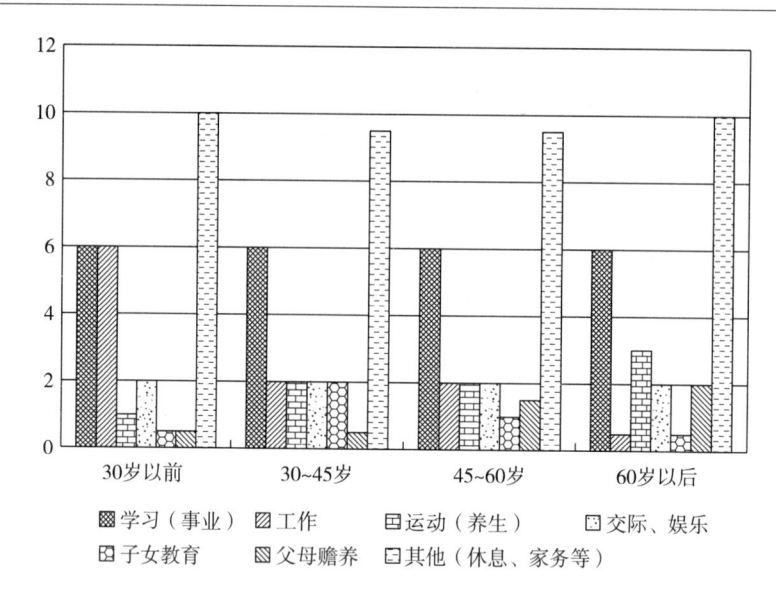

时间精力投资清单

清单

内容 年龄	学习（事业）	工作	运动（养生）	交际、娱乐	子女教育	父母赡养
30岁以前	侧重书本和实践	在工作中学习，独当一面	球类等运动型养生	广交、泛交、兴趣型娱乐	哺育阶段	"听话"阶段
30~45岁	专业化、实战化	为事业搭建平台、积累能力和人脉	动静结合形成习惯	利交、道同之交，交际型娱乐	陪伴引导型	嘘寒问暖型
45~60岁	理论化系统化	与事业结合，从个人成长到社会贡献	动静结合以静为主针对性	深交、情感之交，高雅型娱乐	规范辅助型	体贴入微型
60岁以后	侧重公益和家风	传道 授业 解惑	慢养、静养、疗养	莫逆忘年交益智延年型	潜移默化型	形影相伴型

（2）30~45岁："学习"的方式更加多样，可以从网络、书本、实践及向他人学习，同时，应逐步"专业化、实战化"，学有所专、学以致用，为事业发展奠定基础。日常工作任务可在2小时内完成，剩余时间进行学习；"养生"动静

结合，时间各半，静养包括午休、闭目养神等，动养以散步、慢跑、健身体操、桌球、乒乓球为主，重在根据自身实际，形成习惯；交际和娱乐有所调整，交际增加至1.5小时（事业拓展、朋友圈扩大），且多为利交、道同之交，娱乐减少至0.5小时（不一定每天有，转型为必要的交际型娱乐）；此阶段子女教育多为陪伴引导型，如亲子游戏、辅导作业、讲故事、教为人处世等；父母赡养多为嘘寒问暖型，多数父母此时身体尚健，子女能从精神上多些体贴关怀，色难耳顺，父母足感欣慰。

（3）45~60岁："学习"面由宽变窄，由浅入深，结合自己的事业、兴趣、专长将学习系统化、理论化，从而更好地指导工作、生活实践；"养生"动静结合、以静为主，此时身体或多或少有些病痛，应有针对性加强预防，辅以太极、八段锦等健身调心顺气的养生运动；交际圈适当收缩，多为深交、情感之交，娱乐应结合个人兴趣爱好，多参与琴棋书画茶等高雅型娱乐活动；此阶段子女教育多为规范辅助型，培养子女独立健全的人格，辅助形成正确的人生观、价值观，认清事物本质、适应社会生活；父母年事已高，需体贴入微，花更多时间和精力悉心照顾。

（4）60岁以后："学习"侧重于家风和社会公益事业；因已退休，可视个人情况发挥余光余热，多做传道授业解惑的工作；"养生"以散步、太极、按摩理疗等静养、慢养为主，辅以垂钓、棋牌、书画等益智延年型娱乐；"交友"多为莫逆之交、忘年之交；子女教育轻言传、重身教，以达到潜移默化、润物无声的效果；父母已是耄耋之年，需子女形影相伴，以安度晚年。

三、知识信息投资清单

知识信息投资清单

序号	类别	内　容
1	人生观方法论成功学	《马克思主义原理》《毛泽东选集》《邓小平文选》《赢在执行》（余世维）、《成功之道》（卡耐基）、《曾国藩》（唐浩明）
2	经济类	《资本论》《马克思主义政治经济学》《西方经济学》《社会主义市场经济理论》
3	法律类	《法律法规全书》《民法通则》《合同法》

续表

序号	类别	内容
4	养生类	《黄帝内经》《本草纲目》
5	历史类 文学类	《中国通史》《世界通史》《中国人史纲》《史记》《资治通鉴》《唐诗宋词》《三国演义》《西游记》《水浒传》《红楼梦》《巴金作品》《余秋雨散文》
6	育儿类	《三字经》《智慧故事》《成语故事》《三十六计》《格林童话》《百科全书》
7	报纸类 杂志类	《中国剪报》《演讲与口才》《特别关注》《参考消息》《医食参考》
8	电视类	《新闻联播》《东方财经》《焦点访谈》《今日说法》

如何优选当下投资品种

有朋友留言说：凭心，你的《初心》《赢得人生》写得很好，但都是大道理，能不能来点干货，就直接告诉我现在投资什么赚钱？哈哈，我很理解这位朋友早奔小康的热切之心，不过俗话说得好：心急吃不了热豆腐。其实，投资也是一个循序渐进的过程，急于求成多失败，步步为营方可胜。思想是行动的先导，只有树立了务实的投资理念、把握好正确的投资方向，再运用科学的投资方法，才能获得安全、稳定、持续的投资收益。而且，投资不是一个孤立的课题，单说金融投资，就需要健康的身体、和睦的家庭……做支撑和保障，个个是投资，个个要投资，投资是为了更好的生活，这才是我们的初衷。所以，先讲投资理念，理念对了，信念才坚定，即便遇到挫折，也不至于丢盔弃甲、不战而退。这跟先辈在共产主义信仰的支撑下，抛头颅、洒热血，是一个道理！

至此，再与大家交流，如何选择正确的投资方向及优秀的投资品种，乃至今后的投资方法和实战，这样才顺理成章，鱼和渔兼得。

首先，第一个问题：我们平时常接触到的投资品种有哪些？现金存款、余额宝、债券、理财产品、贵金属、基金、股票、外汇、股权、房地产、商品期货、微商、收藏品、实业等。我们姑且从投资门槛、流动性、收益、风险、周期五个主要因素进行比较分析，得分如下表所示。

主要因素比较

对比 品种	门槛	流通性	收益	风险	周期	得分
现金存款	很低10	强10	很低7	很低10	短10	47
余额宝	很低10	强10	低8	很低	短10	47.5
债　券	低9	中9	低8.5	很低	长8	44
理财产品	中8	中9	中8.5	低9	中9	43.5

续表

对比 品种	门槛	流通性	收益	风险	周期	得分
贵金属	低9	中9	中9	高8	长8	43
基　金	低9	强10	中9	中8.5	中9	45.5
股　票	低9	强10	高10	高8	短10	47
外　汇	高7	强10	高9.5	高8	短10	44.5
股　权	中8	弱8	高10	高8	长8	42
房地产	高7	弱8	高10	中9	长8	42
商品期货	高7	强10	高10	高8	短10	45
微　商	低9	中9	中9	中9	中9	45
收藏品	中8	很弱7	高10	高8	长8	41
实　业	高7	很弱7	中9	高8	长8	39

说明：门槛主要包括资金、技术、资质等方面；流通性主要考虑转让难易、变现折旧、政策变化（房地产）等因素；周期指获得预期投资收益所需要的时间；收益指同样的资金投入，在相同时间周期内，获得投资回报的多少；风险是根据目前的市场行情做出的综合预判，通常与收益成正比。

由上表可知，综合得分是：余额宝（47.5）＞现金存款（47）、股票（47）＞基金（45.5）＞微商（45）、商品期货（45）。

看到这个得分，问题可能就来了：怎么没有我们听得最多的房地产和实业投资？其实仔细一想，答案很简单：因为房地产和实业对我们绝大多数人来说，不是投资！而是刚需或饭碗。再细细一看，好像确实如此：现金、余额宝、股票、基金……确实是我们接触最多的投资了，都不用列表，存在即合理啊！

第二个问题：哪一个是最优投资品种？或者如何配置这些较为优秀的品种呢？

这是一个系统问题，要综合考虑世情国情、政策环境、经济发展阶段，以及投资者的年龄、职业等各种因素。先不考虑世情国情等因素，比如：一位小于45岁有固定收入的投资者，可以考虑投资周期长、风险收益较高、适当有些技术门槛的品种；而大于60岁的投资者，则应多考虑投资周期短、收益稳定、风险和门槛较低的品种。

举个实例：一位35岁有固定收入（供日常开销）、房产、家庭的普通投资者，现有资金200万元。当前，可做下图所示的配置：

资金配置

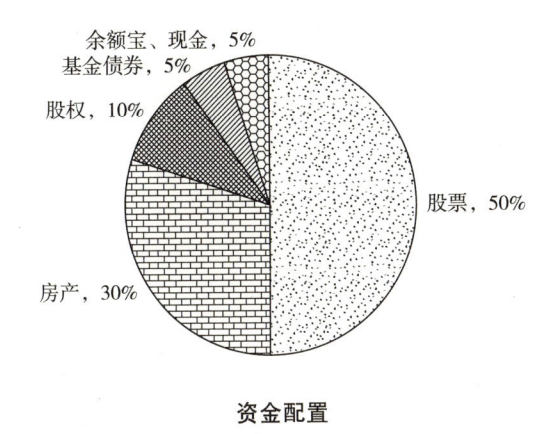

说明：配置5%（10万元）的现金（活期存款）、余额宝是留作家庭备用资金，数额相当于家庭1年的基本开销；5%的基金债券作为低风险收益品种，可以抵消一般物价上涨，同时供不时之需；10%的股权投资，均衡于新兴行业和传统行业，以获得社会发展的平均收益，新兴行业主要有教育传媒、生物信息技术、游戏互联网等，传统行业主要有衣食住行等基本消费、周期性行业；30%的房产投资主要是获取租金的短期固定收益，以及房价上涨带来的长期收益。

为什么大比例配置股票投资（50%）？姑且不说投资门槛和流通性等因素，单论回报率，股票投资就是这里面的佼佼者。从长期来说，股票投资回报率大幅跑赢房产等其他投资回报率。因中国股市历程较短（1990年至今），我们以历史较长、发展较成熟的美国道琼斯指数为例（见下图）：

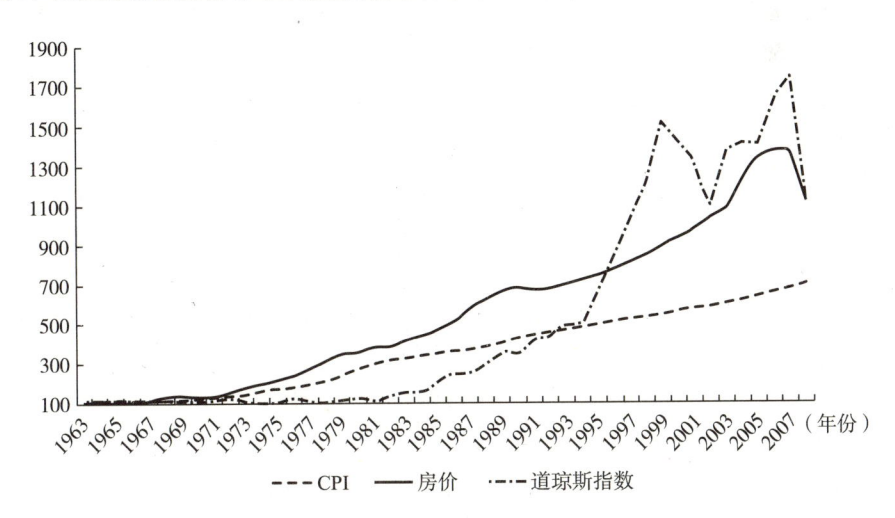

美国CPI、房价与道琼斯指数（均以1963年为100）

美国股市与房产长期回报比较

时间区间（年）	股市回报率（%）	房产回报率（%）
1930~1995	3109.20	1583.63
1935~1995	3550.35	3279.71
1940~1995	3902.33	2886.48
1945~1995	2652.59	2459.78
1950~1995	2173.80	1339.05
1955~1995	1047.75	1033.33
1960~1995	830.86	890.94

由此我们可以得出两个结论：①在股市成立初期（30 年内），股票投资回报率与房产、CPI 涨幅等相差无几，但经过一定时间的发展，股票投资回报率"后来居上"。②投资时间越长、对比区间越大，股票投资的优势越发明显。如，1950~1995 年的 45 年，股市回报率是房产的 1.62 倍，1930~1995 年的 65 年，股市回报率增加到房产的 1.96 倍。可见，股票投资是越久越香。有人可能会说，这是"外国的酒要香"，那我们也来看看中国的国酒如何？

贵州茅台

从 2001 年上市至今 16 年时间，贵州茅台仅算股价涨幅就超过 100 倍，还有每年高达 1% 的现金分红。如果一个不足以说明问题，那我们再看一张表。

数据

证券代码	证券名称	首发上市日期	首发价格	截至2017年9月28日，后复权收盘价	上市以来涨幅（%）
000002.SZ	万科A	1991-01-29	1.00	1884.28	188328.19
000651.SZ	格力电器	1996-11-18	2.50	4461.16	178346.48
600660.SH	福耀玻璃	1993-06-10	1.50	1488.94	99162.88
600795.SH	国电电力	1997-03-18	1.40	659.70	47021.31
000538.SZ	云南白药	1993-12-15	3.38	1112.22	32805.84
600887.SH	伊利股份	1996-03-12	5.95	1670.79	27980.57
600886.SH	国投电力	1996-01-18	1.00	263.28	26227.70
600879.SH	航天电子	1995-11-15	1.00	261.96	26095.59
000568.SZ	泸州老窖	1994-05-09	5.83	1359.27	23215.02
600816.SH	安信信托	1994-01-28	1.50	306.48	20332.08
000671.SZ	阳光城	1996-12-18	1.00	202.05	20105.25
600881.SH	亚泰集团	1995-11-15	1.00	200.00	19900.20
600651.SH	飞乐音响	1990-12-19	7.00	1147.81	16297.33
600415.SH	小商品城	2002-05-09	1.60	252.76	15697.61
600666.SH	奥瑞德	1993-07-12	1.00	152.36	15136.04
600804.SH	鹏博士	1994-01-03	1.00	141.34	14033.67
601607.SH	上海医药	2010-03-05	4.50	632.45	13954.39
000004.SZ	国农科技	1991-01-14	1.00	135.26	13426.45
000540.SZ	中天金融	1994-02-02	3.10	388.82	12442.42
600674.SH	川投能源	1993-09-24	1.00	124.74	12373.71
000007.SZ	全新好	1992-04-13	1.00	120.45	11945.47
600741.SH	华域汽车	1996-08-26	5.80	694.69	11877.36
600276.SH	恒瑞医药	2000-10-18	11.98	1360.69	11258.02
600309.SH	万华化学	2001-01-05	11.28	1212.29	10647.24
600717.SH	天津港	1996-06-14	1.40	146.78	10384.41
600519.SH	贵州茅台	2001-08-27	31.39	3269.88	10316.93

由上表可以看出，论涨幅，贵州茅台16年涨幅100倍只能排到第26位！但我们再来对比一下中国首都北京的房价涨幅，也取同样的区间（2001~2016年），大约8倍！回报率立见高下。

(元/平方米)

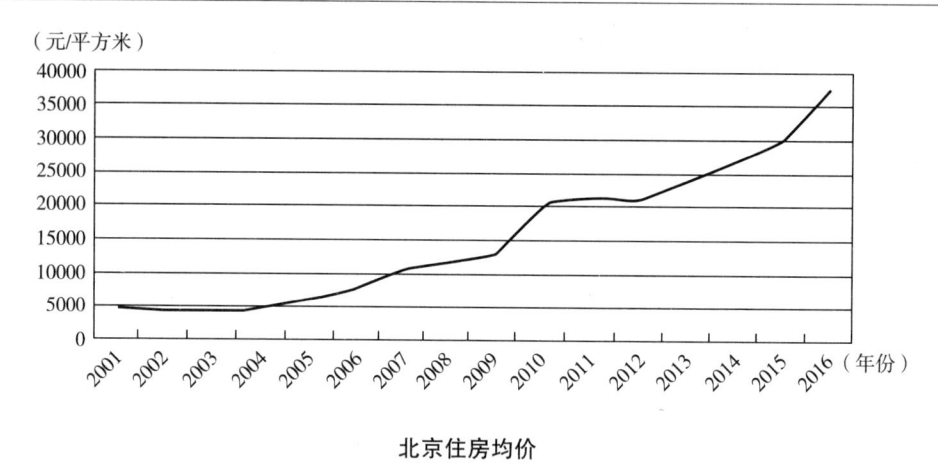

北京住房均价

所以，从长期来说，无论国内外，股票投资回报率都大幅跑赢了房产等其他投资回报率。

另外，投资，作为人生一项重大战略选择，当然也应顺应天时、地利、人和。从当前来说，股票投资就是集天时地利人和于一身的最佳投资品种！

1. 天时：建设金融强国是大势所趋

人类社会发展历经了农业时代、工业时代和信息时代，其对应的资本也从土地资本、产业资本，发展到了如今的最高形式——金融资本。英国因为发明了蒸汽机而成为工业文明时代的霸主，美国因创建了布雷顿森林（美元黄金）体系、美元石油体系，控制了金融时代的命脉。我们不能预测下一个时代是什么，但就目前来说，中华民族的伟大复兴，没有金融的强大和资本市场的繁荣是不可能实现的。中国已经是世界上的工业和制造业大国，高铁修到了全球各地，无人机也卖到了世界各国，但无论什么买卖，最后都要换成美元，才能装进自己的口袋、实现财富增长。而美国，只要稍微拨弄一下美元汇率，就可以掏空你的口袋、剪掉你的羊毛！这就是当代社会，金融的强大力量。所以，中国要建设金融强国是大势所趋、形势所迫，作为金融两大支柱（汇市、股市）之一的股市必然要做大做强，必然受到国家的重视和扶持。2016年，人民币纳入了特别提款权货币篮子。2018年，中国A股纳入了明晟指数，这些都是中国向金融强国之路迈出的坚实步伐。正所谓，时势造"英雄"，在建设金融强国背景下的中国股市也必将迎来巨大发展。

2. 地利：发展资本市场是国情所致

中国最大的国情是处于社会主义初级阶段，第一要务是发展，第一动力是改革！改革需要什么？改革需要勇气，更需要资本。当前，中国正处于经济结构转型升级的关键时期，供给侧改革、国有企业改革、混合所有制改革、养老金改革……一系列的改革蓝图都离不开资本市场的引导和推动作用。春江水暖鸭先知，2017年8月，中国联通混合所有制改革方案尘埃落定，腾讯、百度、阿里巴巴投资223.3亿元入股联通（6.83元/股）；2017年12月，中国铝业引入华融瑞通、中国信达等8家投资者，增资126亿元，实施市场化债转股……改革不仅实现了国有资产的保值增值，还最大限度地吸引了社会资金，激发了市场活力，而资本市场（股市）正是绘就这一系列巨作的桥梁与纽带！国家的宏观政策指向哪里，社会资金就投向哪里，久而久之，我国经济结构必然随着资本市场的发展壮大而更加优化。

同时，让老百姓分享改革红利是我们改革的初衷，如何分享？股份（股权）投资是社会生产和财富积累的最佳载体。将资本市场建设好、管理好、发展好，营造一个公平公正稳步向上的市场环境，培育一批有国际影响力、持续稳定分红的优秀上市公司，让老百姓钱有所投、投有所得，以一定投资便能有效参与最先进生产力、最具前景行业的经营、管理和分红……这就是分享。与民分享，善莫大焉！

3. 人和：股市稳步攀升是人心所向

作为股民，最伤心的是什么？莫过于看到别人家的股票不停涨，而自家的股票不断跌。2007~2017年，中国GDP增长了2.8倍，股市起起伏伏却回到了原点；美国GDP只增长了1.2倍，股市却气势如虹，增长了近2倍。工欲善其事，必先利其器。中国股市成立不到30年，制度还不完善，投资者还不成熟，才会出现"千股跌停、千股涨停、千股停牌"的奇观，给我们留下了十年怕井绳的心结，但正因如此，我们才痛下决心、壮士断腕，重拳整治市场顽疾。2017年，证监会对操纵股价、内幕交易、违规减持（3倍处罚）等行为开出的罚单就超过70亿元。同时，出台新规严把IPO，将问题企业统统拒之门外。

池子清了，活水自来！随着制度逐步完善、公司逐步优化，投资者信心必然随之增强。2017年下半年以来，股市走出了一波+10%的反弹行情，价值投资渐入人心、慢牛之势初见雏形。更可喜的是，"房子是用来住的，不是用来炒的""打击非法融资，整顿理财市场""加快推进养老金和职业年金入市""进一步开放资本市场，放宽外资准入限制"等言论，给股市这个池子注入了源源不断的活水。

水涨，自然船高！凭心坚信本届领导的智慧和能力，道路虽然曲折，但前途一定光明！曾经，300万中国军人为民族大义不畏牺牲，终获国家胜利；如今，1.5亿中国股民为改革大业勇于接盘，必将全面解放！

有人说，炒股是世上最难的，没错！它考验了身体的坚强、意志的坚定、基础的坚实、心态的坚韧……

凭心说，炒股是笔者遇到的最增益的事。它增加了个人财富，增长了各类知识，增添了生活乐趣，增进了朋友感情……

谨以此文，向当代中国最傻最真最可爱的人，致敬！

散户为什么总亏钱？

中国股市有句俗语：散户一赚二平七亏钱。这句话虽然没有经过官方统计和科学论证，但大体反映了散户易亏难赚的客观现实。而且，"好了伤疤忘了疼""在同一个地方跌倒多次"……这些都是散户的真实写照。如果亏一两次，还可以说是运气不好，那十次亏七八次就要认真反省下，问题出在哪了？

图是"庄家吃散户"的经典运行图（是不是似曾相识），也可以说是股市的生存法则：弱肉强食、适者生存！

所谓有亏必有赚！毛主席就曾教导我们：首先要弄清楚自己的敌人是谁？从这张图我们一目了然，散户割的肉（亏的钱）大多是被对手（机构、庄家、大户等）吃了。

股市如战场，兵法有云：知己知彼，方可百战不殆。对自己，要有清醒认识，扬长避短、争取主动；对敌人，要做全面了解，避其锋芒、击其要害。散户和庄家，其优缺点各在哪？又是什么导致了散户总是亏钱呢？经过十余年的实战与思考，凭心总结了三个方面的原因供大家参考。

一、自己太弱

这可能是导致散户亏钱的主要原因：

1. 弱在心理（追涨杀跌）

历经股市磨炼出来的高手，都有一个深刻感受：心态第一。凭心也感同身受，曾几何时，"眼盯红绿屏幕、心随股价跳动"是我们的共同写照。有人说，要"心随我动"，但初入股市者，大多"我随心动"，为什么？当局者迷啊！迷在哪？

首先，散户为什么会追高？如果股票只有商品的价值属性，从公司的净资产、收益率、成长性等衡量，当然有一个合理的价格区间。就像苹果，根据品种、口感等不同，从5元/千克到20元/千克都可以接受，倘若卖到100元/千克，估计大部分人都会理性看待、宁可不吃了。

关键是，股票不只有商品的价值属性，更有筹码的博弈属性，只要有人愿意买，你认为它值多少钱，它就值多少钱。恰恰大部分买卖者，看中的都是股票的博弈属性，在筹码击鼓传花的过程中，通过庄家的"煽风点火"，无数散户前赴后继、推波助澜，进而导致"要涨到天上去"的幻象！上涨的诱惑，是导致散户会追高的内在动力。

俗话说，一朝被蛇咬十年怕井绳，吃过一次亏后，为什么还会一而再、再而三地追高呢？有两个原因：一是痛苦的记忆只有7秒，好了伤疤忘了疼；二是"羊群效应"，看着别人的股票涨、自己的股票跌，别人赚了、自己亏了，真的很难受！于是，跟随大部队，不知不觉中，再次入套。回头想想，是不是？

其次，散户为什么会割肉（杀跌）？机构也会杀跌，他们杀跌，是为了制造恐慌，将散户逼入绝境，低位交出廉价筹码。但机构极少割肉，因为他们以此为生，没有退路！而散户割肉多有两个心理：一是认输出局，割肉泄愤——不玩了（但牛市一来，多半食言）；二是留着青山。既是留点颜面，不至于说输得精光，也是留个机会，以图东山再起。

那么，散户为什么老割在地板上？也有两个原因：一是判断不准，不知是真跌还是庄家洗盘；二是心存侥幸，认为会反弹，回本就出手。这两种心态导致散户犹豫不决，迟迟下不了手，在期望中一步步迈向深渊，最终在底部绝望，挥泪斩马谡！

"心态作祟、人性使然"完美地解释了70%以上的散户，追涨杀跌、高买低卖的现实。别说普通老百姓，就是社会贤达，也逃不过这个魔咒。涨的时候经不起诱惑，越到高处越贪婪；跌的时候经不起考验，越到低处越恐慌。从而丧失理智，陷入了轮回。

2013～2014年，大盘（上证指数）在2000点的历史低位上下震荡筑底了两年，但就是在这么低的位置，又有几个敢大胆买入股票？恰恰相反！两年间，一批又一批的散户忍受不了磨人的行情，割肉离去，圆满错过2015年的牛市！只有不到10%的"勇士"坚持下来，获得了2倍、3倍甚至10倍的回报！当大盘翻倍跃上4000点，勇士已经赚得盆满钵满时，曾经割肉离去的散户们终于受不了"买入就赚"的诱惑，又在高位大举杀入……结果，大家后面都看到了。

指数潮起潮又落，散户新颜换旧颜！只有战胜心魔，方能矗立于股台不倒。如何破解心魔？心病还需心药医，简言之，练好五颗"心"：虚心、细心、信心、恒心、平常心；管住两只"手"：买手有理，卖手有方。欲知详情如何，请待下篇分解。

2. 弱在能力（好"吃"懒"做"）

君子爱财，取之有道。凭心这里说的"道"是方法和能力。众所周知，每一样工作都不容易，没有付出，就没有回报；每一行都有其门道，做生意有经商之道，买股票有交易之法，方法得当，事半功倍。那些久经沙场的庄家和机构，几乎都有一套成熟、完备的投资方法和交易体系，如最基本的"吸筹—洗盘—拉升—出货"，每一道工序都有其对应的功法：吸筹要用隐身法（分批小单或瞬间大单），洗盘要用声东击西和持久战法（欲拉还压，击破散户心理极限），拉升要用草船借箭（通过虚张声势引散入瓮，再借力打力推升股价），出货要用迷踪拳（高位震荡、退二进一）。

相比之下，大部分散户买股票多是盲目、冲动之举，更别说章法（如果说有，凭心倒是也见过一些，如道听途说法、跟风买入法、"大师"推荐法……），而且还有很多诸如：'手痒止不住、空仓就难受、买就全赌上、涨跌看天意"等好"吃"懒"做"的典型症状。

一边是厉兵秣马的作战部队，一边是养尊处优的单兵，二者比拼，未上沙场，已见高下。

有人说，我技术不行怎么办？其实古人早就回答了我们：勤能补拙。天才等于百分之九十九的汗水，加一分灵感，股市也一样，没有散户天生就是高手，高手都是"练"出来的。天上掉馅饼？其他行业没有，资本市场也没有。即使有，也要起得早，才捡得到，天道酬勤啊！

如何勤奋？多买几个小本子，总结一下交易得失；多关注国家政策、财经新闻、行业动态，寻找下投资机会；多浏览几位专家前辈的观点、评论，取他山之石，补己之短……这些都是勤奋。

有何良策？买入三思法、卖出三步曲……这些都是提高交易能力的重要方法。买入要思考"价值、技术、题材"三个方面，卖出可遵循"破位、止盈、换股"三步操作。无论什么方法，最重要的是通过摸索练习，建立一套适合自己的交易方法。喜欢快进快出的，那就多练习分时技术、波段操作；喜欢长久持股的，那就多跟踪行业动态、研究财务报表，寻找价值投资。总之，适合自己的才是最好的。

二、对手太强

如果自己在各方面已经尽力了，那我们只有从对手身上寻找原因，以求破敌之法：

1. 强在资金（以大欺小）

毫无疑问，散户和庄家最大的差别就在资金大小。庄家财大气粗，散户势单力薄。资金大有什么好处？好处多着呢：

可以压盘，股价长期不动，让你不堪折磨，交出筹码。如下图所示，庄家利用资金优势，在 5.98～6.00 元重兵把守、层层设卡，在 5.97 元还堆出了 3344 特殊卖单（盘面暗语：散户死死）。如果盲目买入，无异于蚍蜉撼大树，买到的多是长期"折磨"。

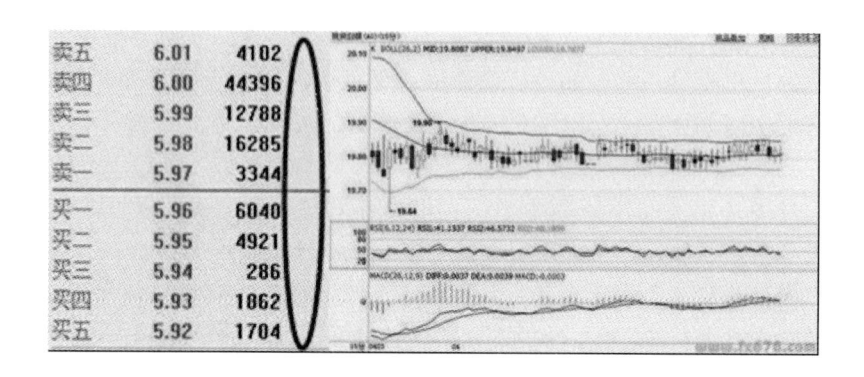

压盘

可以砸盘，股价日落千丈，逼你慌不择路，抛出筹码。如下图所示，庄家利用筹码优势，连续两日跌停砸盘，制造恐慌，不明真相的散户大都缴械投降，完美错过后面的大涨！

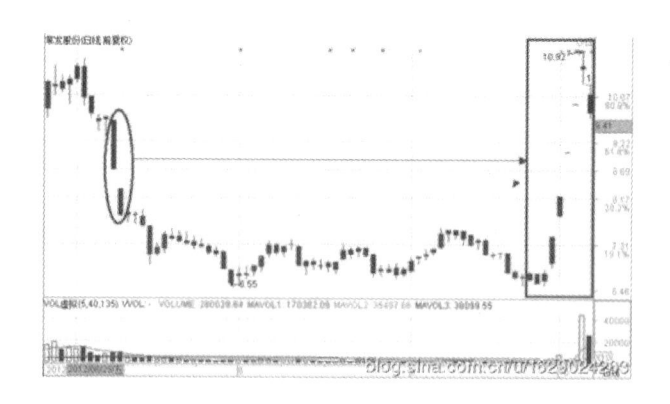

砸盘

可以偷袭，股价瞬间拉升，让你猝不及防，没收筹码。如下图所示，庄家作为专业机构，每时每刻都关注着盘面动态，当发现散户筹码松动或有突发消息时，就会不惜重金，瞬间大单吃进，没收散户们来之不易、长期持有的筹码。

偷袭

既然庄家有如此强大的资金实力，那我们只能束手就擒了？不！再强的对手也有其弱点，资金是把"双刃剑"，大虽好，却"行动"不便。我们可用三招破敌：一是运动战，充分利用小资金灵活机动的特点，高抛低吸、波段操作，积少成多、降低成本。二是持久战，只要买入的股票是三思而行，符合"国家政策支持、行业发展规律"，那就任其风吹雨打，我自岿然不动，是金子终能发光。三是抱"大腿"，再大的资金在金融、石化等大块头里面也砸不起涟漪，选择大市值股票能巧妙地化解庄家的资金优势，可谓一物降一物！

2. 强在信息（先知先觉）

庄家能将散户玩弄于股掌之间，还有一个重要原因是信息灵通。一些是公开的市场信息，因为有专业团队，所以研究得更透彻，布局更早；一些是内幕信息，因为有特殊的渠道，往往被用于操纵股价。

市场上的公开信息、专业机构的研究报告等，是可以而且应该作为投资参考的，兼听则明嘛，但要有原则、要有筛选，特别是不能道听途"说"，一旦养成听消息炒股的习惯，就等于走上了不归路，注定惨淡收场。这么多成功的投资方法，难道非得靠消息炒股不成？对于各种天上掉馅饼的消息，不听其言，才能不受其惑。良禽择木而栖，选择明牌、价值投资才是王道。

三、不能坚持

除了以上两个方面，散户"一赚二平七亏钱"还有一个重要原因：不能坚持！凭心身边的股友90%有过以下经历：买了的股票不涨，没买的天天涨，实在受不了，横刀一卖，立刻就涨！

还有的朋友居然在下面这只牛股上亏了钱，而且是亏了大钱！为什么亏？因为朝三暮四，高买低卖。为什么亏大钱？因为就算最低买100股，也要近10万元！

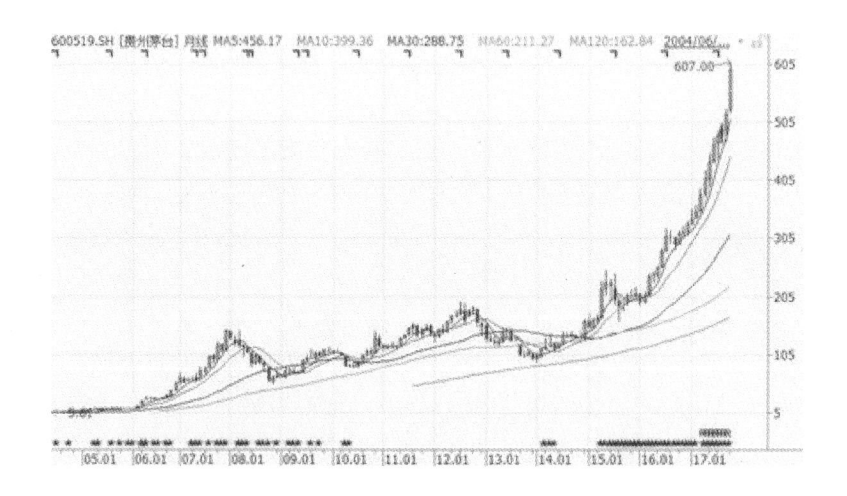

贵州茅台走势

虽然我们散户都曾有类似的痛苦经历，但并不算坏事。古人云：吃亏在前，享福在后；兵法有云：骄兵必败，哀兵必胜；麻坛也有句俗语：赢头盘，欠尾账。这些都说明了一个道理：失败乃成功之母。只要我们能总结经验、扬长避短，坚持正确的方向、正确的方法，定有苦尽甘来的一天！

宝剑锋从磨砺出，梅花香自苦寒来。炒股，难在心态、重在方法、贵在坚持！

成功投资者的五颗"心"

高手过招，心定胜负；股市博弈，心态第一！前篇分析了散户亏钱的一个重要原因是，追涨杀跌、高买低卖的心魔所致。同时，给出了解除心魔的苦口良方：练好以下五颗"心"：

1. 虚心

我们到股市博弈，多想有所收获，若想有所收获，必须有所付出，这个付出不只是本钱，更是心力，而虚心学习首当其冲。古人云：三人行必有我师。在股市，至少有三位老师值得学习：

以市场为师，可以知进退。资本市场是博大的，更是严肃的，有其内在规律、法定规则，没有人可以翻云覆雨。来市场交易，要虚心学习、把握规律、遵守规则；求市场收益，要眼观六路、耳听八方、伺机而动；保市场收益，要戒贪戒赌，适可而止。心存敬畏，方可行稳致远。

以对手为师，可以知对错。散户的天然对手是庄家，庄家兢兢业业，研究行情、操盘交易、分析总结，每一天都谨小慎微；庄家纪律严明，吸筹洗盘、拉升出货，每一步都有板有眼；庄家计划周详，持仓时间、预期空间，每一条都成竹于胸。庄家是一面镜子，让我们的弱点无处遁形，出错必"罚"。

以前辈为师，可以知不足。资本市场充满诱惑和陷阱，稍不留神就会损兵折将。初入市者一有小胜，就容易骄傲和冲动，犯前人之错、吃前人之亏。如何避免？多听老人言，采众家之长、补己之短，就可以少摔点跤，少走点弯路。

2. 细心

投资是件大事，天下大事必作于细。芸芸众生，有理想、有能力者众多，但终成大事者少，为何？除了时运不济，还有很多"千里之堤"，都"毁于蚁穴"。投资，需从点滴做起，积跬步致千里、积小流成江海，细心最主要体现在三个方面：

要勤于学习，养成好的习惯。凭心投资若有小成，最重要的一点就是细心学习。例如，每日必看国家政策、全球新闻，必听财经广播、专家观点，必思今日得失、明日方向。将学习养成习惯，每天一小步，一年一大步。

要勇于实践，学会自主交易。实践是检验真理的唯一标准，判断对不对、方法好不好，都要通过交易实践来验证。要亲自动脑、动手，勇于试错，错了就改，一步步形成自己的交易体系，自力更生，才能丰衣足食。

要善于总结，积累有益经验。投资有很多好的方法和成功经验，需要自己一步一步去摸索，一点一滴去积累，必要时可以记在本子上，好记性不如烂笔头。比如，春买农业化工，夏买啤酒空调，秋买教育地产，冬买煤炭白酒；又如，每天的最佳交易时间是10：00和14：00左右，太早看不准，太晚来不及……多一份经验，就多一种方法、多一些收获。

3. 信心

信心，乃人生之本，成功之源，可以化渺小为伟大，化平庸为神奇。有信心的支撑，才能直面挫折、正视亏损；有信心的引领，才能战胜一切、走向成功。

要对国家有信心。中华民族是最伟大的民族，无论历史长度、文化深度，还是理论高度，在世界上都首屈一指。当前，我国集天时地利人和，正处于一个大有可为的历史机遇期，各项事业都蓬勃发展，金融投资也定不会缺席！

要对市场有信心。资本市场跌宕起伏，有其运行规律，跌多了涨、涨多了跌，但总体趋势是向上向好的！与国外横向对比，我们正当青春，向上空间巨大；与历史纵向对比，我们日臻成熟，向好态势明显。

要对自己有信心。天下事有难易乎？为之，则难者亦易矣。投资虽难，但不是上青天，也不是下油锅，只需多付出一点时间和精力，必定有所收获，甚至改变人生。无数典故都告诉我们：业精于勤，有志者，事竟成！

4. 恒心

水滴穿石、铁杵成针，为何？因为恒心！毛主席曾说：最无益，只怕一日曝十日寒；贵有恒，何必三更起五更眠。投资是长久之事，心急吃不了热豆腐，一日成功不一定日日成功，笑到最后才是真正的赢家。

要有学习的恒心。学习如逆水行舟，不进则退。资本市场瞬息万变，不学就会淘汰、落后就会挨打，三天打鱼两天晒网，也只能骗自己，终会连本带利还上。投资贵在坚持，唯有持之以恒的学习，才能应对风云变幻的市场，实现稳定盈利。

要有持股的恒心。"买了就跌、卖了就涨"是很多散户的常态，为何？因为投资是一种博弈，博的不只是实力，更多的是人性。人性有很多弱点，贪婪、攀比、朝三暮四……对手只要抓住这些弱点对症下"药"，大部分人都会缴械投降。有能力的、买到好股的人很多，但成功的人很少，因为难在坚持……

5. 平常心

俗话说，越想要的越得不到。这不是否定欲望，有欲望才有动力。这强调的是一种心态，谋事在人成事在天，付出必有收获，收获的不一定是金钱，还有知识、经验、友情，等等。

要正确对待涨跌。月有阴晴圆缺，股有涨跌起伏。"价值和供求推动"，这是基本规律，偶有题材牛，引发高潮，也有黑天鹅，坠入冰河。炒作可以利用，但不能迷恋，最终都要回归理性和价值。如果方法正确、判断准确，那一时的低迷可能是庄家作梗，也可能是时机未到，但十年河东转河西，是金子总会发光。如果吃着碗里的、看着锅里的，势必影响心态，失去方寸、乱了阵脚，以致捡芝麻、丢西瓜，陷入恶性循环。

要正确对待得失。得失之秤，在于内心。经常有朋友问：凭心，你炒股赚了多少钱？我笑而不语。诚然，赚钱，是投资的基本追求，但不是全部。有的人亏了钱，但赚到了知识和经验；有的人赚了钱，却失去了健康、家庭，迷失了自我。得失之间见人生，"得"是海纳百川，有容乃大；"失"是壁立千仞，无欲则刚。得失随缘、去留随心，平凡之处可见伟大，虚无之中也有充实。

基础篇

十分钟股市入门

一、基础知识

1. 股票

股票是由股份有限公司（俗称上市公司）公开发行的，用以证明投资者的股东身份和权益，并据以获得股息和红利的凭证。目前，我国投资者交易最多的股票主要包括A股（人民币普通股）、B股（人民币特种股，用外币交易）、H股（港股）三种。在交易市场上，股票代码一般由6位数字或拼音简码组成，如：中国石油股份有限公司，简称中国石油（ZGSY或601857）。在上海上市交易的股票一般由代码600、601、603开头，而在深圳上市交易的股票一般由代码000、001、002、300开头，300开头的股票叫创业板股票，属于深圳交易所的一个子板块，买卖创业板的股票需要投资者有两年以上（含两年）的股票交易经验，并到券商营业厅现场签署《创业板市场投资风险揭示书》。

2. 炒股

炒股就是投资者选择一家证券公司开户后，在证券市场交易股票，通过买入与卖出之间的股价差额，实现套利。

3. 开户

开户可采取现场（柜台）开户和网上（自助）开户两种方式。现场开户要本人携带二代身份证和银行卡，在周一至周五的交易时间，到自己选定的证券公司营业部，按照工作人员的指引进行开户。

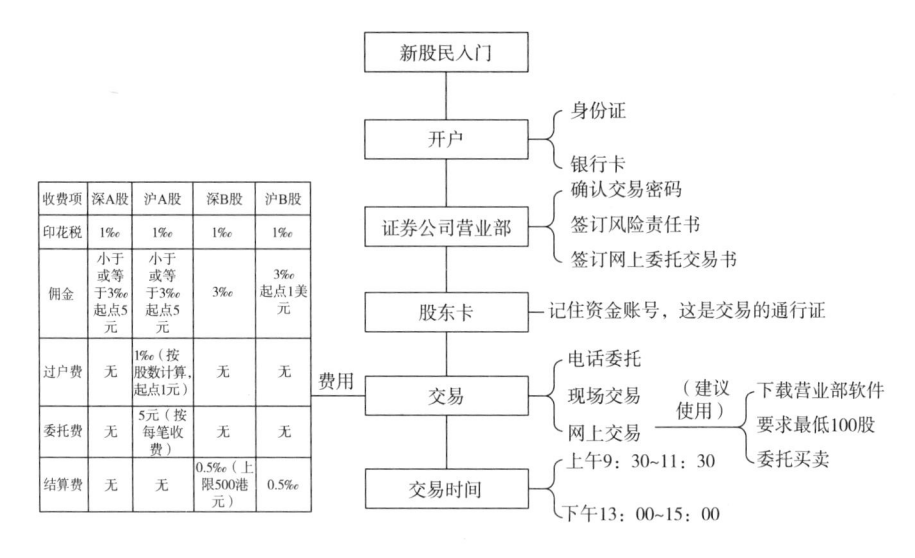

收费项	深A股	沪A股	深B股	沪B股
印花税	1‰	1‰	1‰	1‰
佣金	小于或等于3‰起点5元	小于或等于3‰起点5元	3‰	3‰起点1美元
过户费	无	1‰（按股数计算，起点1元）	无	无
委托费	无	5元（按每笔收费）	无	无
结算费	无	无	0.5‰（上限500港元）	0.5‰

开户流程

网上开户要提前准备好智能手机、二代身份证和银行卡，先登录自己选定的证券公司官网，一般首页有开户二维码，扫码下载开户 APP 后，根据提示逐步进行开户。网上开户比现场开户更加方便，24 小时都可以，且用时更短（几分钟），效果一样。

二、基础交易

1. 怎么买

在电脑或手机上下载指定的交易软件后，打开软件，输入资金账号和密码等进入交易界面。初买者，首先要从绑定的银行卡上转入资金，如下图所示。

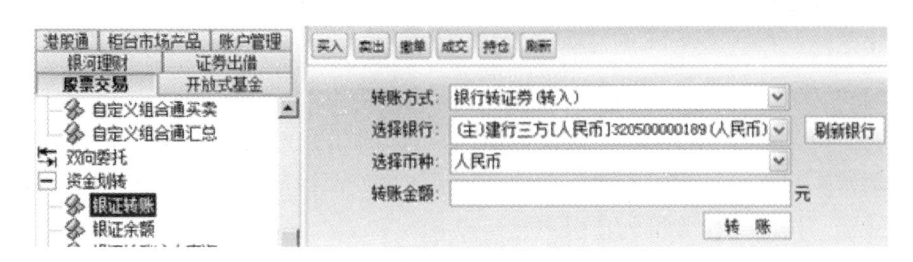

转入资金

然后点击"买入",系统就会弹出以下界面。

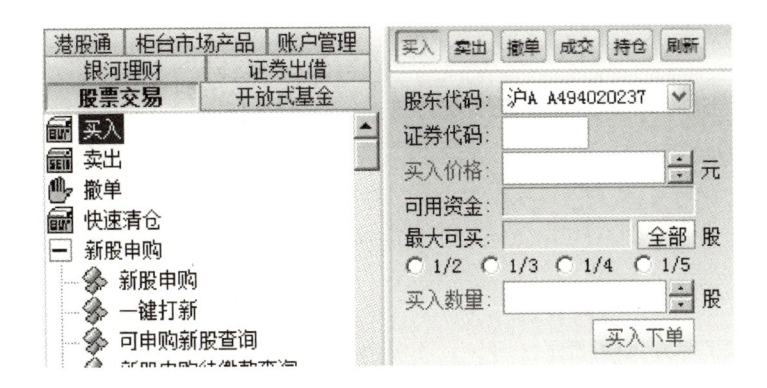

买入

输入想要买入股票的6位数代码或者拼音简码,如中国石油:601857 或 ZG-SY,系统就会弹出以下界面:

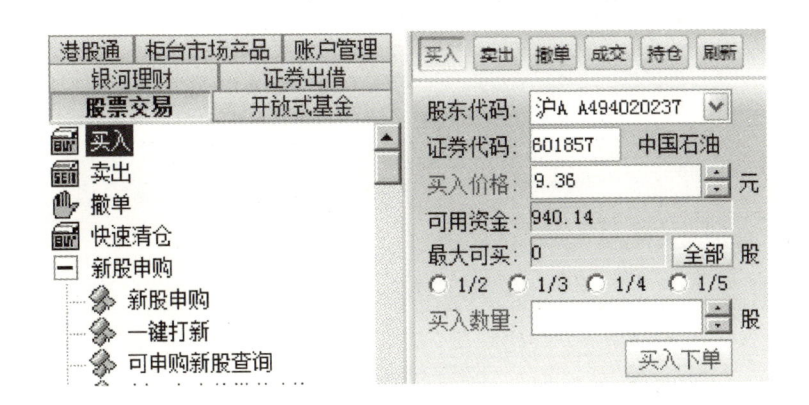

买入价格

"买入价格"是股票的即时价格,你可点击上下键,设置你想要买入的价格(上下不超过10%,ST股为5%)。同时,系统会根据你的账户余额,自动显示你最大可买多少股。在此范围内,你可以选择买入100股的整数倍的任意股数,最低100股。

注意:ST开头的股票,是净利润连续两年亏损或受到管理部门特别处理的股票,俗称戴帽股,如ST明科(600091),需要在"账户管理"中"设置业务权限",点击开通"风险警示板买入权限",方可买卖。

· 37 ·

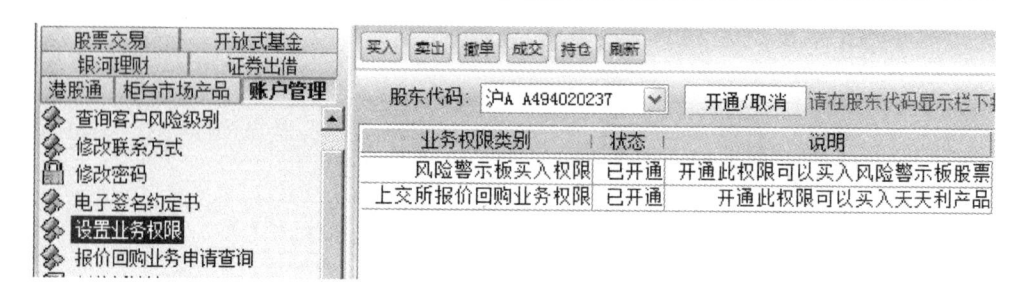

设置业务权限

2. 怎么卖

目前，中国 A 股实行的是 T + 1 日卖出制度，即今天买入的，只能下一个交易日卖出，卖出的数量必须等于或小于持有的数量，为 100 股的整数倍，最低 100 股，但实际成交可能出现几十股甚至几股的情况。

用计算机交易软件卖出时，先点开"持仓"，左键双击想要卖出的股票，再填好"卖出价格"和"卖出数量"，然后确认即可。

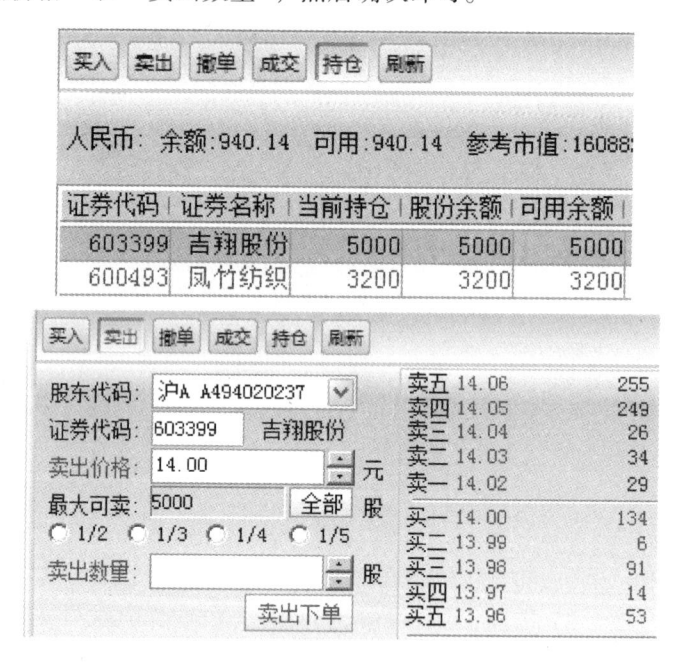

卖出

卖出成交当日，资金转入"可用"，即可以用来进行其他的买入交易，但尚不能转出股票账户，需经过交割清算，变成"余额"，在下一个交易日才能转出资金。

注意：在买、卖未成交之前，投资者可以在交易时间内，点击"撤单"键，随时撤销买、卖委托。

3. 怎么看

新入市者最重要的是学会看 K 线图和分时图。输入 6 位数代码即可查看个股的 K 线图，再点击回车键，即可查看分时图。

K 线图又称蜡烛图、阴阳线，是以每个分析周期的开盘价、最高价、最低价和收盘价绘制而成，可以细分为：5 分钟、15 分钟、30 分钟、60 分钟 K 线图，日 K 线图、周 K 线图、月 K 线图等。K 线能将每一个交易期间的开盘与收盘的涨跌以实体的阴阳线表示出来（软件中红色为涨、绿色为跌），并将出现的最高价和最低价以上影线和下影线的形式反映出来。如下图所示。

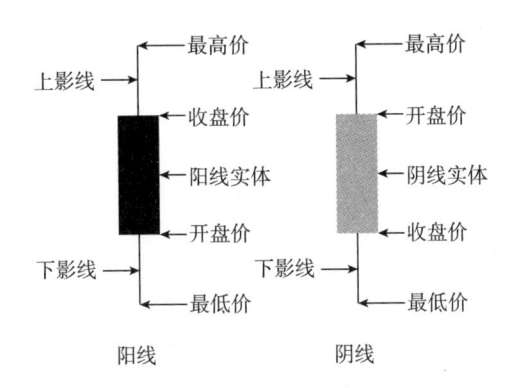

阴阳线

我们最常用的是日 K 线图，以中国石化 2018 年 2 月 12 日的 K 线图为例：图中左上侧是"日 K 线走势图"，红绿两色的阴阳柱显示了每日的开盘、收盘、最高、最低价等基本情况，五颜六色的线条分别是将 5 天、10 天、20 天、30 天、60 天、120 天、250 天的股价平均值连接而成，称为 5 日线、10 日线……

图中左下侧是"技术指标区"，系统一般默认的是 VOL（成交量）和 MACD（指数平滑移动平均线）两个常用指标。

VOL 即成交量，是个股实际成交的总手数（1 手 = 100 股）或总金额。成交量大，说明交易活跃，反之低迷。成交量是最真实、客观的技术指标，我们常用量价关系来判断形势、买卖股票。

MACD 是利用收盘价的短期（常用 12 日）指数移动平均线与长期（常用 26 日）指数移动平均线之间的聚合与分离状况，对买进、卖出时机做出研判的技术指标，其基本应用如下：

· 39 ·

K 线图

（1）MACD 金叉：DIFF 由下向上突破 DEA，为买入信号。

（2）MACD 死叉：DIFF 由上向下突破 DEA，为卖出信号。

（3）MACD 绿转红：MACD 值由负变正，市场由空头转为多头。

（4）MACD 红转绿：MACD 值由正变负，市场由多头转为空头。

下图右侧是"买卖五档价格"和"基本参数"区。其中，有 11 个参数概念需要认真了解和掌握，如下图所示。

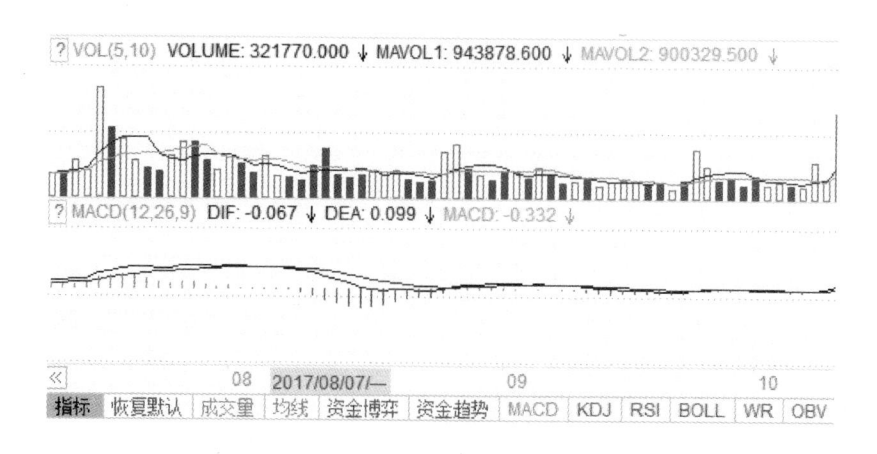

常用指标

R 601857	中国石油	
8.01	+0.06 +0.75%	
委比 7.49%	委差	1765
DK点自动提示涨跌信号！		
卖五	8.06	863
卖四	8.05	3729
卖三	8.04	2342
卖二	8.03	2542
卖一	8.02	1423
买一	8.01	8054
买二	8.00	1579
买三	7.99	144
买四	7.98	1803
买五	7.97	1085
最新 8.01	均价	7.96
涨幅 +0.75%	涨跌	▲0.06
总手 32.18万	金额	2.56亿
换手 0.02%	量比	0.60
最高 8.02	最低	7.87
今开 7.95	昨收	7.95
涨停 8.75	跌停	7.16
外盘 16.13万	内盘	16.05万
净资产 6.52	ROE	1.45%
收益(三) 0.095	PE(动)	63.33
总股本 1830亿	总值	14660亿
流通股 1619亿	流值	12970亿

参数

（1）委比：是衡量某一时段买卖盘相对强度的指标，委比 =（委买手数 – 委卖手数）/（委买手数 + 委卖手数）× 100%，数值范围自 – 100% 到 + 100%，+ 100% 表示全部的委托均是买盘，涨停的股票的委比一般是 100%，而跌停是 – 100%。

（2）委差：即委买、委卖的差值，是投资者意愿的体现，一定程度上反映了价格的发展方向。委差为正，价格上升的可能性就大；反之，下降的可能性大。

（3）总手：从开盘到即时的成交量，总手乘以每股股价就等于总金额。

（4）换手：即股票转手买卖的频率，是反映股票流通性强弱的指标之一。其数值越大，说明交投越活跃，换手越充分。

（5）量比：是衡量相对成交量的指标，指开盘后平均每分钟的成交量与过去 5 个交易日平均每分钟成交量之比。其数值越大，说明活跃度越高。

（6）外盘、内盘：外盘，指以卖出价格成交的数量，即买方主动以高于或等于当前卖一、卖二……等价格下单买入股票时成交的数量，外盘的多少反映买入能量的大小。内盘，指以买入价格成交的数量，即卖方主动以低于或等于当前买一、买二……等价格下单卖出股票时成交的数量，内盘的多少反映卖出能量的大小。在国内软件中，红色表示外盘，绿色表示内盘。

序号	价格	外盘	内盘	成交手数
0	8.03	8024	1591	9615
1	8.02	14479	837	15316
2	8.01	18150	11597	29747
3	8.00	39860	26857	66717
4	7.99	36088	25326	61415
5	7.98	36678	29663	66341
6	7.97	29423	39641	69064
7	7.96	25395	26762	52158
8	7.95	36105	19599	55704
9	7.94	16728	16213	32941
10	7.93	11358	15459	26817
11	7.92	4140	16951	21091
12	7.91	863	7569	8432
13	7.90	8408	2484	10892
14	7.89	3187	3067	6254
15	7.88	730	4347	5077

中国石油分价表

外盘、内盘

（7）净资产：又称每股资产净值，即每股股票的账面值，它反映了股东在该公司资产中所占的实际权益。公式为：（总资产－总负债）/普通股数目。理论上，当公司卖掉所有资产和付清所有负债之后，资产净值便是股东可取回之数。但实际上，由于上市公司的股票是在股票市场上自由买卖，因此其股价可高于或低于每股净资产。一般来说，若股价等于或低于每股净资产，则相对安全；若高出每股净资产很多，则相对有风险。不过，不能单独以净资产为买卖标准，还应同时考虑公司的盈利前景。

（8）净资产收益率（ROE）：是公司税后利润除以净资产得到的百分比率。其值越高，说明投资带来的收益越高。

（9）每股收益（EPS）：指税后利润与股本总数的比率，是综合反映公司获利能力的重要指标。该比率反映了每股创造的税后利润，比率越高，表明所创造的利润就越多。

（10）市盈率（PE）：指在一个考察期内（通常为 12 个月），股票的价格和每股收益的比率，通常用来作为比较不同价格的股票是否被高估或者低估。一般认为,如果一家公司股票的市盈率过高,那么该股票的价格具有泡沫,价值被高估。也就是说,市盈率越低,其股票越具有投资价值。但成长性企业,市盈率会较高一点,在一定程度上反映了投资者对公司增长潜力的认同。

市盈率又可分为静态、动态市盈率,动态市盈率综合考虑了企业的市盈率水平和未来盈利的成长性,动态市盈率 = 静态市盈率/(1 + 年复合增长率)^N(N次方)。所以,动态市盈率一般比静态市盈率小很多,代表了一个业绩增长或发展的动态变化。

(11)流通股:是指上市公司股份中,可以在交易所流通的股份数量,其概念,是相对于总股本而言的。总股本×每股股价 = 总市值,流通股本×每股股价 = 流通市值。

分时图是指大盘或个股的动态实时(即时)分时走势图,其在实战中的地位极其重要,是即时把握多空力量转化的根本所在。

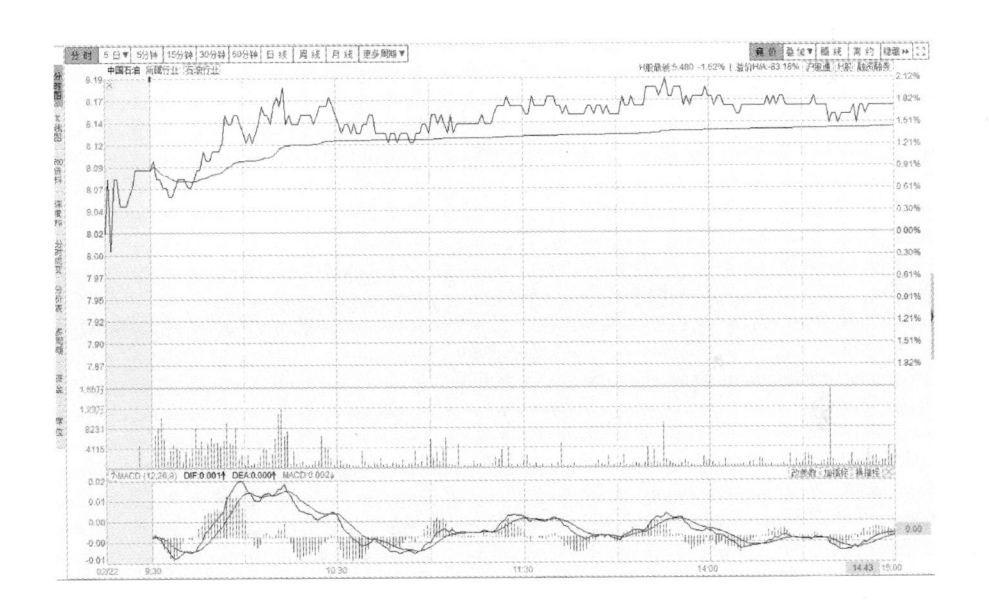

分时图

1)集合竞价:9:15~9:25 是集合竞价时间,投资者可以按照自己所想的价格进行买卖委托。9:15~9:20 既可以接收申报,也可以撤销,9:20~9:25 可以接收申报,但不可以撤销。9:25 后产生开盘价,9:30 开始进入连续买卖阶段。

2)白色曲线:在图上方,表示即时成交的价格。

3）黄色曲线：在图上方，表示即时成交的平均价格。

4）红绿柱线：在图下方，表示每一分钟的成交量，其反映在图右侧还有个分时成交明细，如下图所示。

10:47	8.20	79
:55	8.20	16
:58	8.19↓	9
10:48	8.19	30
:04	8.20↑	26
:07	8.19↓	22
:10	8.20↑	11
:13	8.19↓	262
:16	8.20↑	231
:19	8.20	52
:22	8.20	27
:25	8.19↓	31
:28	8.20↑	37
:31	8.19↓	16
:34	8.20↑	11
:37	8.19↓	130
:40	8.20↑	37
:43	8.19↓	199

分笔 分价 K线 财务 指数 异动

成交明细

三、基础术语

（1）散户：通常指资金较小（10万元以内）的股票投资者。

（2）庄家：能影响某一股票行情的机构大户投资者。

（3）一级市场：股份公司委托证券商发行原始股票的市场。

（4）二级市场：已发行上市的证券进行买卖流通的市场。

（5）多头市场：股价长期保持上涨趋势的市场。

（6）空头市场：股价呈现下跌趋势的市场。

（7）牛市：股市行情看涨、前景向好、交易活跃。

（8）熊市：股市行情看跌、前景暗淡、交易低迷。

（9）T+0交易：指在股票成交当天就能办理好股票和价款清算交割手续的交易制度。现在也指投资者当天买入已持有的股票，再卖出小于或等于买入数量的原有股票，进行套利。

（10）T+1交易：指在股票成交后的第二天才能办理好股票和价款清算交割手续的交易制度。中国A股目前实行该制度。

（11）涨停板：指某一股票价格上涨到证交所规定的最高限度，如+10%、+5%。

（12）跌停板：指某一股票价格下跌到证交所规定的最低限度，如-10%、-5%。

（13）题材：指炒作股票的一种理由，如消息、政策、业绩等。

（14）板块：指属于同一地区、产业或某方面具有同一特征的股票。

（15）蓝筹股：通常指经营业绩较好，具有稳定且较高的现金股利支付的公司股票，且多为长期稳定增长的、大型的、传统工业股及金融股。

（16）红筹股：在境外注册、在香港上市的那些带有中国大陆概念的股票。

（17）成长股：指这样一些公司所发行的股票，它们的销售额和利润额持续增长，而且其速度快于整个国家和本行业的增长。

（18）白马股：指受到市场关注、长期绩优、回报率高并具有较高投资价值的股票。

（19）黑马股：指投资价值未被市场大多数投资者所认识，短期内价格大幅上涨的股票。

（20）踏空：股价上涨，而原来抛出股票的投资者，因某种因素没有及时买进。

（21）诱多：指主力、庄家有意制造股价上涨的假象，诱使投资者买入，结果股价不涨反跌，让投资者套牢的一种市场行为。

（22）诱空：指主力、庄家有意制造股价下跌的假象，诱使投资者卖出，结果股价不跌反涨，让投资者踏空的一种市场行为。

（23）对敲：指主力、庄家在多家营业部对同一股票，同时进行买入和卖出的报价交易，以达到操纵股价的目的。

（24）洗盘：指主力、庄家为了减轻往上拉抬的压力，先在某一个区域压低股价，迫使不坚定者抛出股票，从而达到夯实股价目的。

（25）护盘：指主力、庄家在市场低迷时买进股票，带动中小投资者跟进，以维护股价稳定或刺激上涨的操作手法。

（26）天量：指大盘或个股在人气高涨时形成的最大成交量。

（27）地量：指大盘或个股在市场低迷时形成的最小成交量。

（28）满仓：指投资者将资金全部买了股票。

（29）减仓：指投资者不看好股市形势时，卖出持有的一部分股票。

（30）清仓：指投资者卖出全部股票。

（31）建仓：指投资者判断股价要上涨，试探性买入部分股票。

（32）补仓：指投资者在高位时买入了一部分股票，股价跌到低位时又再次买入，以摊低成本。

（33）套牢：指投资者所买入股票的大幅下跌，账面亏损严重，只好等待价格回升再卖出，致使资金长时间被占用的现象。

（34）止盈：指投资者在预期目标价位卖出股票，获得投资收益。

（35）止损：指投资者在能承受的亏损范围内卖出股票，以防损失扩大。

（36）送股：指上市公司将本用于支付红利的利润转为新股，并按原持股比例无偿赠送给股东的一种利润分配方式。送股后，投资者持有的股份增多，但每股股价降低，故总市值不变。

（37）转增股：指上市公司将本公司的公积金转为新股，并按原持股比例无偿赠送给股东的一种利润分配方式。转赠后，投资者持有的股份增多，但每股股价降低，故总市值不变。

（38）配股：类似于送股，只不过不是无偿赠送，而是有偿购买，购买的价格一般低于当时的市面价格。

（39）含息：指上市公司用现金分红，但尚未实施。这种含有现金分红权利的股票，称为含息。

（40）除息：股票含息的最后一日收盘价，减去要发放的股息，称为除息，经过除息的股票在简称前加上"XD"。

（41）含权：指上市公司送、赠红股或配股，但尚未实施，这种含有赠送红股或配股权利的股票，称为含权。

（42）除权：股票含权的最后一日收盘价，减去含权差价，称为除权，经过除权的股票在简称前加上"XR"。

（43）填权：除权后股价上升，将除权差价补回，称为填权。

股票账户十大功能

俗话说：钱不是万能的，但没有钱，是万万不能的！所以，银行账户几乎是每一个成年人的必备账户。同时，随着理财意识的逐步增强和金融时代经济的飞速发展，股票账户也日渐成为每一位成年人，特别是有理财意识的时代青年的必备账户。

然而，不少朋友对股票账户的认识仅仅局限于"炒股"，而对其他"绝妙功能"知之甚少，故作此文，为大家列举一二。

一、买卖股票

毫无疑问，买卖股票是股票账户的第一大功能。前篇《如何优选当下投资品种》中，凭心经过详细分析得出："总结过去，股票投资的平均回报率大幅跑赢了房产等其他投资品种；把握当下，股票是集天时地利人和于一身的最佳投资品种；放眼未来，建设金融强国、发展资本市场是中华复兴的必由之路，也是大势所趋、国情所致、民心所向。"所以，开立股票账户是有理财意识和投资需求人士的必然选择。股票投资门槛低、买卖方便、长短皆宜，是有一定风险承受能力、追求超额收益投资者的最佳选项。

目前，A股账户除了能买卖在中国内地上市的公司股票之外，还可以通过开通沪港通、深港通买卖在香港上市的公司股票。未来随着资本市场的进一步开放，沪伦通等更多渠道将相继开通，我国内地投资者有望获得更多、更好的投资机会，共享全球快速发展的成果。

关于股票投资的门槛、费用、方法、收益风险等，我们在前面已经有一些介绍，后面还将详细论述，这里就不再赘述。

二、买卖债券

投资者通过股票账户能够买卖在交易所上市的各种债券，包括国债、地方债、公司债、企业债等，此外还可以参与国债逆回购、可转债（后再详述）等交易。

查看债券，一般是在打开股票交易软件后，点击左上角的"系统"键，在其下拉菜单中点开"选择品种"，就会出现如下图所示的所有可供交易品种，包括"沪深债券"：

债权品种

双击其中任一个，就可以查看该债券上市以来的K线图，如图所示。

通过快捷键（一般是F10）还可以看到这只债券的详细信息，包括票面利率、到期时间、信用评级、付息情况等。

买卖债券的方法和买卖股票是一样的，不同的是，债券是T+0制度，且没有涨跌停板限制。债券安全性较高，流通性较好，短期风险、收益及波动较股票低，长期收益高于银行存款，有的甚至高于一般理财产品，是追求安全稳定收益的长期投资者的必备品种。需要注意的是，买卖债券的收益需要交纳20%的利息税，故最好在付息日之前更换成其他债券，以合理避税。

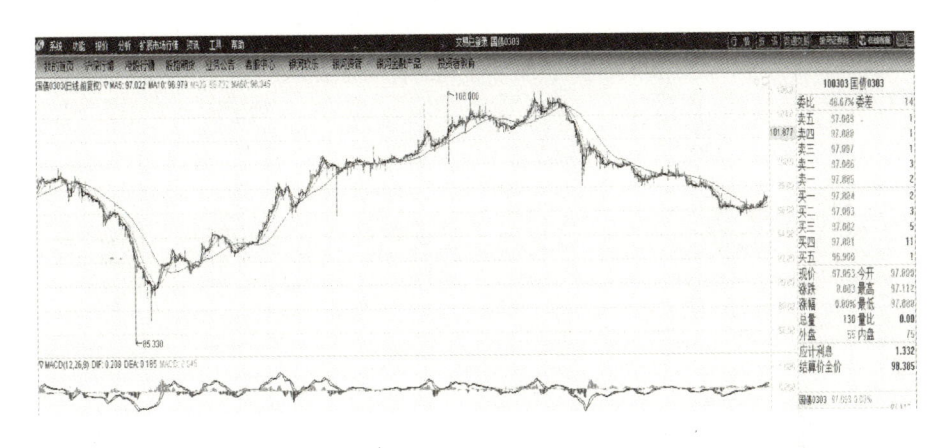

K线图

三、买卖基金

通过股票账户买卖的基金有两种：一是场内基金：即直接在证券交易所挂牌交易的基金，它跟股票一样，价格在盘中随时变化，主要有封闭式基金、LOF（上市型开放基金）、ETF（交易型开放式指数基金）等。二是场外基金：即股票交易市场外的基金，每天只有一个净值作为申购、赎回的价格，常见的有在银行可以买到的各种基金，如货币基金、股票型基金、债券型基金等。

查看基金也跟债券一样，登录交易软件后，在左上角"系统"键的下拉菜单中点开"选择品种"。

场内基金买卖的方法和股票是一样的，最低100份。点击交易软件下方交易界面的"股票"一栏，而不是"基金"一栏，"基金"一栏下面主要是申购、赎回场外基金。

通过股票账户购买基金具有更好的成本和时间优势：①购买场外基金，申购手续费一般比银行低40%（不同券商折扣不一样，货币基金不需要手续费）。②场内基金购买后T+1个工作日可卖出，资金T+1个工作日可到账。场外基金购买后T+2个工作日可赎回，资金T+1个工作日到账（不同基金公司、基金有些许差异）。

基金品种

需要注意的是：①用股票账户买卖基金，当日15：00以前下单按当日净值计算，15：00后下单，按下一交易日净值计算。②场内基金不能做定投，不能进行转换，场外基金大多数可以做定投和转换。

基金品种多、选择面广，平均收益一般较债券高，如果选择正确的优质基金产品，还可获得跑赢大势的超额收益，但手续费较股票和债券高（货币基金除外），适合做长线投资。

四、申购新股

新股发行（简称IPO），是指企业通过证券交易所首次公开向投资者发行股票，以募集资金用于企业发展的过程。申购新股就是投资者不参与二级市场炒作，只参与新股的申购，中签后在理想价位立即卖出，以获取一级市场、二级市场间风险极低的巨额差价收益的过程，是稳健投资者的最佳选择。打个形象的比喻：就是开发商集资建房，你先缴纳一定的诚意金（相当于持有一定的为了申购新股的股票市值额度），在指定时间参与摇号（相当于新股申购当天的委托确认），摇中后（相当于新股中签），便获取了低价买房资格，再按要求交足房款，等开盘后，在自己理想的价位再转让给别人，取得收益。

从 2016 年开始，我国新股发行按新规申购，主要是取消预先缴款制度，改为采用市值申购的方法（买有一定的股票），中签后才缴款（注意：12 个月内累计 3 次中签后不缴款，6 个月内不能再参与打新）。

系统会按照账户中持仓的股票市值来派发额度，有额度才能申购：假设 T 日为申购日，系统会自动计算账户中 T-2 日至前 20 个交易日的日均股票市值，这个市值要达到 1 万元以上，才有额度，1 万元的市值对应可以申购 1000 股，以此类推，市值越大，可以申购的额度越多。另外，沪、深两个市场是分开算的，申购沪、深两市的新股分别要有沪、深两市的股票市值。一般来说，沪市发行的股票盘子较大，需要更多的市值才能顶格申购，所以，在买股票时，我们可以适当多配置一些"6"字开头的沪市股票，以提高中签率。

绝大多数券商交易软件都有"一键打新"功能，登录交易软件后，点击"新股一键打新"，即可看到你的沪深两市可申购额度。在目前这种"极低风险、超高收益"的打新环境下，建议采取"有新股必申购、申购必顶额"的策略。

一键打新

新股发行的股份越多，中签的概率就越大；反之越小。目前，新股平均中签率大概千分之几，超级大盘股也很少超过 1%，小盘股可能只有万分之几，就像中彩票一样。经统计，申购时间选在上午 10：00～11：00 和下午 1：00～2：00，中签率相对较大。

打中一只新股的平均收益从几千元到几万元不等，具体收益要看公司的市场

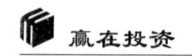

估值、上市时的市场行情等综合因素。一般来说，牛市中容易获得更多收益，优质、稀缺的新上市公司更受投资者追捧。

五、集合理财

如果没有买股票，账户上的闲置资金一般只有0.2%左右的活期存款利率，若用这些资金进行集合理财，却能获得接近一年期定存利息甚至更高的收益。目前，大多数券商都有专门的集合理财产品，门槛1000~100万元不等，如银河证券的"天天利"、华泰证券的"天天发"、国泰君安的"现金管家"、招商证券的"天添利"，等等。登录交易软件后，点击"集合理财"相关按钮，就可以看到不同期限、门槛、收益率、风险等级的产品。

集合理财

风险较低的一般是固定收益类产品，如各大券商的现金理财、收益凭证、代销银行的理财产品等，收益一般在2%~6%；风险稍高的一般是浮动收益类产品，如私募基金、信托理财、资管产品等，收益一般在8%~10%。

有些券商的现金管理产品还可实现自动夜间理财，只要签约一次申购该产品，闲置资金就会在收盘后自动进行理财投资。到下一个交易日，就能拿到连本带利的可用资金进行股票投资。所以，集合理财既适合常留有机动资金的股票投资者，又适合不投资股票，专门进行现金理财的稳健型投资者。

六、融资借款

股票账户有两大融资功能：一是指融资融券业务，融资就是向券商借钱买股票，低买高卖，进行套利；融券就是向券商借股票卖出，高卖低买，进行套利。当然，向券商借的钱或股票是要在一定时间内还的，同时要支付一定的利息。进行融资融券，需要50万元的资金门槛，还需要去证券公司现场开通融资融券业务。需要注意的是：融资融券涉及"加杠杆"，风险较高，一般投资者还是不要轻易尝试。

二是指融资借款业务，目前，很多券商都有类似"股权质押"的业务，即投资者将所持有的股票质押给证券公司，证券公司按一定折价比例给你发放贷款并收取利息，如中信证券的"新易融"、银河证券的"鑫易雨"等。

不同证券公司的"借款"业务的门槛、限额、费率等有所不同，有些公司对优质客户的借款利率甚至低于银行贷款利率，而且程序简单、借还灵活、到账快，非常适合想要短期使用账户里的资金，又不想卖出股票变现的投资者需求。

七、转账支付

股票账户有一个很实用的小技巧，就是免费跨行转账。一般来说，每一个股票账户都对应一个资金账户（绑定一张银行卡），但有很多证券公司可以为客户开通多个资金子账户，每个子账户可以绑定一张银行卡。客户可以利用"资金归集"或"资金内转"功能，实现不同银行卡之间的免费快速划转。

有些证券公司还整合了转账支付功能，投资者不但可以利用股票账户进行转账汇款，甚至可以用于水电交费、网上购物等日常支付功能，如国泰君安的"一户通"等。

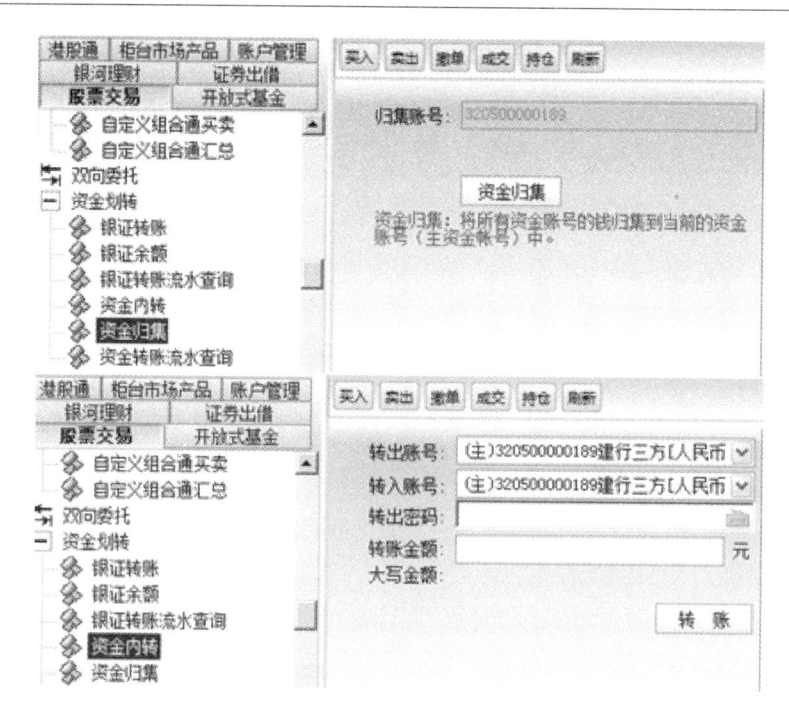

转账支付

八、股权投资

  我们很多人其实都有投资实业的强烈愿望，但苦于渠道匮乏，又缺乏专业筛选能力和担心法律风险，所以很难找到好的投资机会和标的，而开通股票账户、投资"新三板"刚好给我们提供了一个既安全又便捷的股权投资机会。
  "新三板"原指中关村科技园区非上市股份有限公司进入代办股份系统进行转让试点，因为挂牌企业均为高科技企业而不同于原转让系统内的退市企业，故形象地称为"新三板"。2014年起，新三板不再局限于中关村科技园区非上市股份有限公司，扩大到全国，主要针对中小微型企业，截至目前已经挂牌上万家，不少公司还转板上了沪深两市，乌鸡变凤凰。
  投资新三板需要有两年以上的证券投资经验，或具有会计、金融、投资、财经等相关专业背景，且开通前一交易日的名下证券类资产市值在300万元人民币以上。

在新三板挂牌的企业多是成长型企业，名气可能不大，交易活跃性也比主板弱不少，但成长性强、增值空间大，如果对行业发展和企业经营状况熟悉，投资一个处于"萌芽"状态的新三板企业不失为一条长久之道。

九、合理避税

我们这里说的避税主要是针对企业，简单来说，就是通过购买高分红基金的方式，将企业正常经营所得的利润（一般需纳税25%）转化为基金的分红收益，从而达到合理避税的目的。

首先看法律依据，根据财税字〔1998〕55号《关于证券投资基金税收问题的通知》：基金向投资者分配的基金收益，暂免征收所得税。财税〔2008〕1号《关于企业所得税若干优惠政策的通知》：对投资者从证券投资基金分配中取得的收入，暂不征收企业所得税。

其次要选择合适的基金，最好是分红比列高、净值波动小的基金、交易费率较低的基金。需要注意的是，有的地方税务局对基金分红公告以后才进行申购的情况，不予享受免税政策，建议在分红公告日前进行申购。

十、投资顾问

股票账户除了前面九大"硬功能"，还有一个重要的"软功能"：投资顾问。拥有一个股票账户，就等于多了一位免费的投资顾问，有专业人士为你推送最新投资资讯，邀请参加投资者报告会，紧跟时代发展前沿，捕捉最新投资机会；同时，还多了一个免费的社交平台。拥有股票账户的，多为有一定经济实力和理财意识的社会中上层人士，还有来自各行各业的精英骨干，证券公司为了维护客户关系，会经常举办一些投资者交流会、聚会沙龙等，通过这些集体活动，我们不但能拓宽视野、增长知识，还能丰富生活、积累人脉，可谓一举多得！

常用技术指标解析

在股市,确实有不少幸运儿因为押中一只牛股而一夜暴富、财务自由。但炒股不能光靠运气,俗话说,九层之台起于累土,绝大多数人要实现炒股致富,必须扎好马步、练好基本功。前篇《十分钟股市入门》从价值面的角度介绍了一些重要参数指标,如每股净资产(BVPS)、每股收益(EPS)、市盈率(PE)等。本节将从技术面的角度,重点介绍三个简单且常用的技术指标,以助交易参考。

一、成交量VOL(人气)

成交量是指在某一时段内成交的股数或金额,是推动股价上涨的原动力,也是衡量人气、判断走势的重要先行指标。股市有句俗语:"量最真实",反映的就是成交量是最真实、最即时的技术指标,而KDJ、MACD等其他技术指标都有一定的滞后性和操控性。成交量的连续变化往往构成一定的形态,常见的有四种:缩量、放量、堆量(逐步放大)、不规则量。成交量形态的改变是趋势反转的前兆,这就是我们常说的"量在价先"。所以,要把握股价的运行规律,首先要掌握成交量的形态变化。

(1)缩量:是指成交量减少、活跃度降低的市场状态,其历史最小形态叫"地量",我们常用"地量地价"作为股价见底的一个重要标志。无论是上涨还是下跌过程中的缩量,通常意味着投资者的买卖力量没有充分释放,只是阶段性衰退,股价难言见顶或到底,应持观望态度,不轻易买入或卖出。

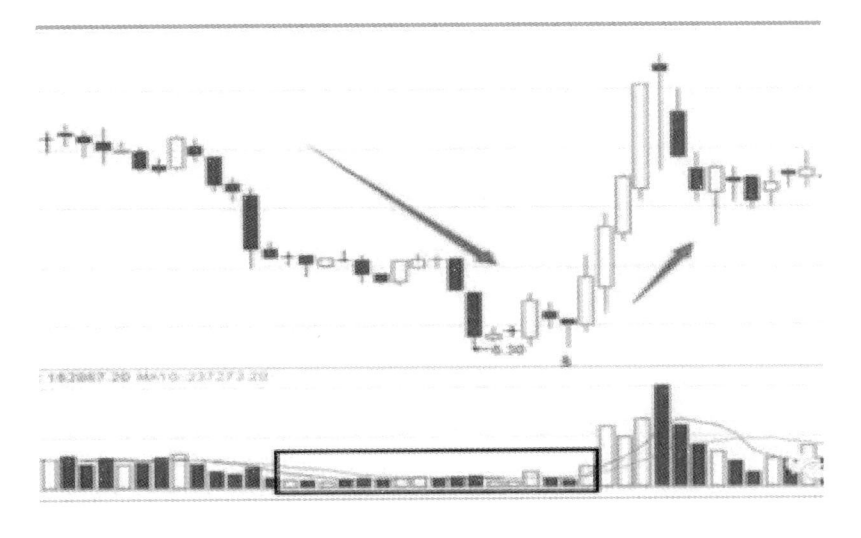

缩量示意图

（2）放量：是指成交量放大、活跃度提升的市场状态，其历史最大形态叫作"天量"，我们常用"天量天价"作为股价见顶的一个重要标志。放量是股价变化的前兆，放量持续的时间越长、级别越高，代表的意义越大，特别是地量之后的持续放量，往往代表趋势的反转。对于放量，我们要引起足够重视，根据市场所处的不同阶段和价格，提前做好相应的买卖准备。

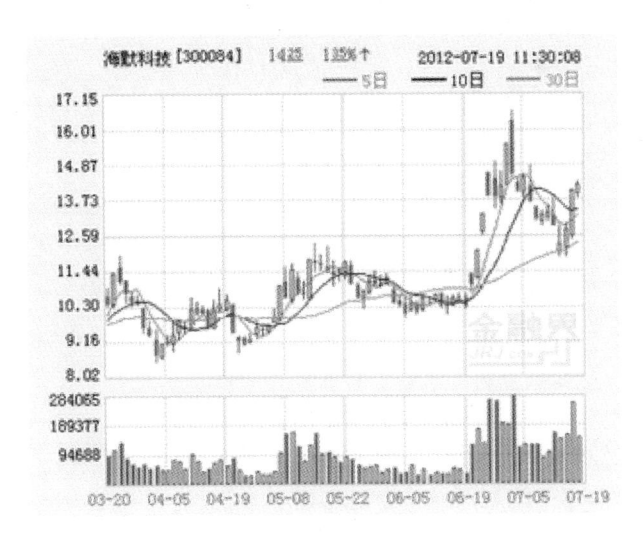

地量之后的放量反转

放量上涨后的天量天价

（3）堆量：是指成交量逐步放大、保持活跃的市场状态。底部堆量往往是股价上行的先行信号，可伺机介入；而顶部堆量往往隐藏着庄家出货，可随机减仓。

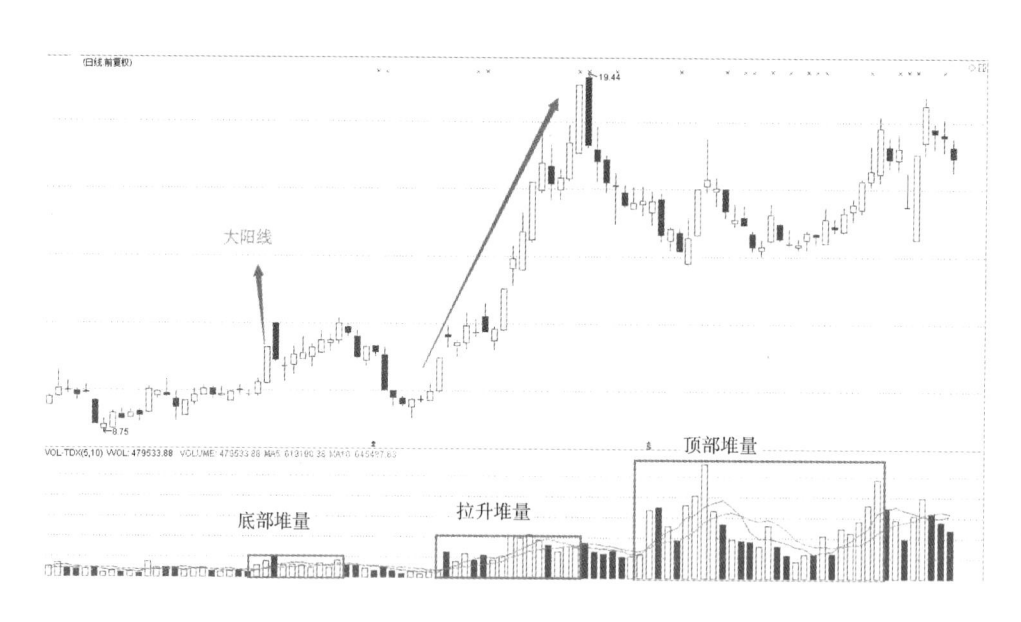

堆量

（4）不规则量：是指在没有技术面支持的情况下，受到突发消息或庄家坐盘的影响，成交量出现不规则的突然放大或缩小的状况。在熊市中出现不规则的放量拉升，切忌追高买入，反倒是投资者高抛低吸、摊薄成本的良机；牛市中出现的不规则量，往往被主力用来震荡洗盘，吸收筹码。

熊市中的不规则量

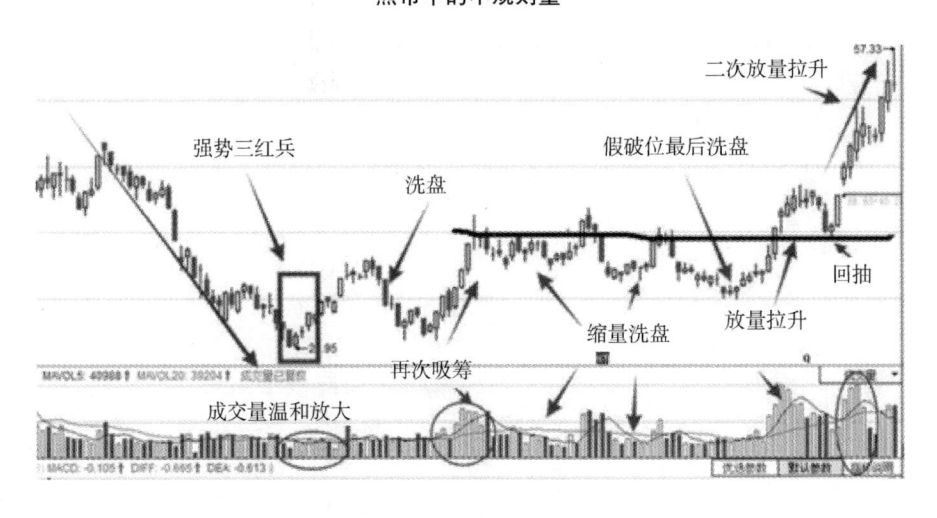

牛市中的不规则量

以上是成交量的四种主要形态，根据成交量来做买卖参考还必须紧密结合股价做综合判断，主要有以下两种情况：

（1）量价配合：指成交量柱状线的变化与股价的变化正向匹配，也就是成交量柱状线的高点对应着股价的高点，低点对应着低点，量增价升、量减价跌，股票走势处于一种良性稳定状态，蕴含买入之机。

（2）量价背离：指成交量柱状线的变化与股价的变化反向匹配，也就是成交量柱状线的高点对应着股价的低点，低点对应着高点，量增价跌、量减价升，股票走势处于一种不稳定、不良性状态，暗藏卖出信号。

如下图所示，指数（股价）有①②③三个高点，第二个点比第一个高，对应的成交量也高，属于量价配合；第三个点比第二、第一个点都高，但对应的成交量最小，属于量价背离。

实例

当然，从短期来说，成交量和股价可能会出现一次、两次甚至多次背离现象。如：没有成交量支持，股价仍然上涨；成交量放大，股价却下跌；等等。这些一般是暂时现象，也可能是庄家刻意为之，从长期来说，成交量是推动股价上涨的第一动力，没有成交就没有人气，没有人气就没有好的市场行情。

在实战中，我们根据成交量选择的最佳买点有：①低位的量价齐升；②股价跌至重要支撑位后缩量企稳；③放量突破重要阻力位后缩量回调；④多次底背离后的放量大阳线。较好的卖点有：①波段高点出现放量大跌；②放量跌破重要支撑位；③多次放量冲击重要阻力位未果；④多次顶背离后的放量大阴线。

一个窍门：关注两个细化指标——量比和虚拟成交量（voltv）。量比之前介绍过，在基本参数区内，其数值越大，说明活跃度越高。虚拟成交量，是第一时间捕捉成交量变化的法宝。打开股票界面，键盘输入 voltv，即可显示按目前成交情况，预测出当日的总成交量（虚线柱体），从而提前掌握大盘或个股成交量情况。

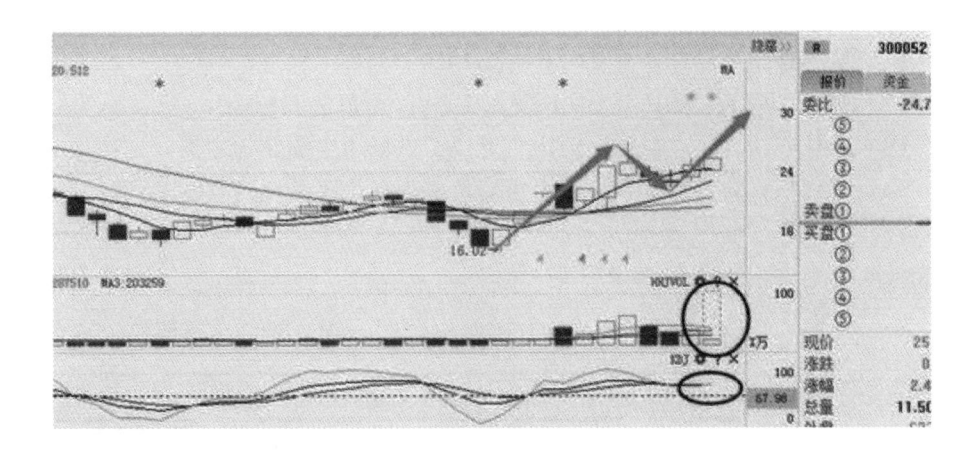

成交情况

一则口诀：
放量下跌要减仓，缩量新低是底线，增量回升是关键；
回头确认可进场，新量新价有新高，缩量回头不必跑；
一根巨量要警惕，有价无量准备跑，顶部放量要出逃。

二、平滑移动平均线 MACD（时机）

除了资金多少、人气高低等主观因素，股票（指数）的涨跌还受经济和政策环境、行业和公司发展等客观因素影响，多方因素综合作用，呈现出高低起伏、震荡盘升的技术形态，反映了一定的规律性。通过分析这些规律，前人总结出一些技术手段来决定买卖的时机，其中重要一条就是平滑移动平均线。

所谓移动平均线，是指一定交易时间内（日、周、月、年）的算术平均线。

如"5日均线"就是将5日内的收盘价相加，然后除以5得出平均值，再将这些平均值按先后次序连起来，绘成的线就叫5日移动平均线。而平滑移动平均线简称MACD，是利用快速移动平均线（12日）和慢速移动平均线（26日）之间的聚合与分离状况，对买卖时机作出研判的重要技术指标。

MACD图形包含两条基本线，一条快线（DIF），一条慢线（DEA），为了通俗易懂和快速掌握，具体原理和计算经过就不赘述了，我们重点讲讲它的应用：

1. 基础应用

（1）MACD金叉：DIF由下向上突破DEA，为买入信号；

（2）MACD死叉：DIF由上向下突破DEA，为卖出信号；

（3）MACD绿转红：MACD值由负变正，市场由空头转为多头；

（4）MACD红转绿：MACD值由正变负，市场由多头转为空头。

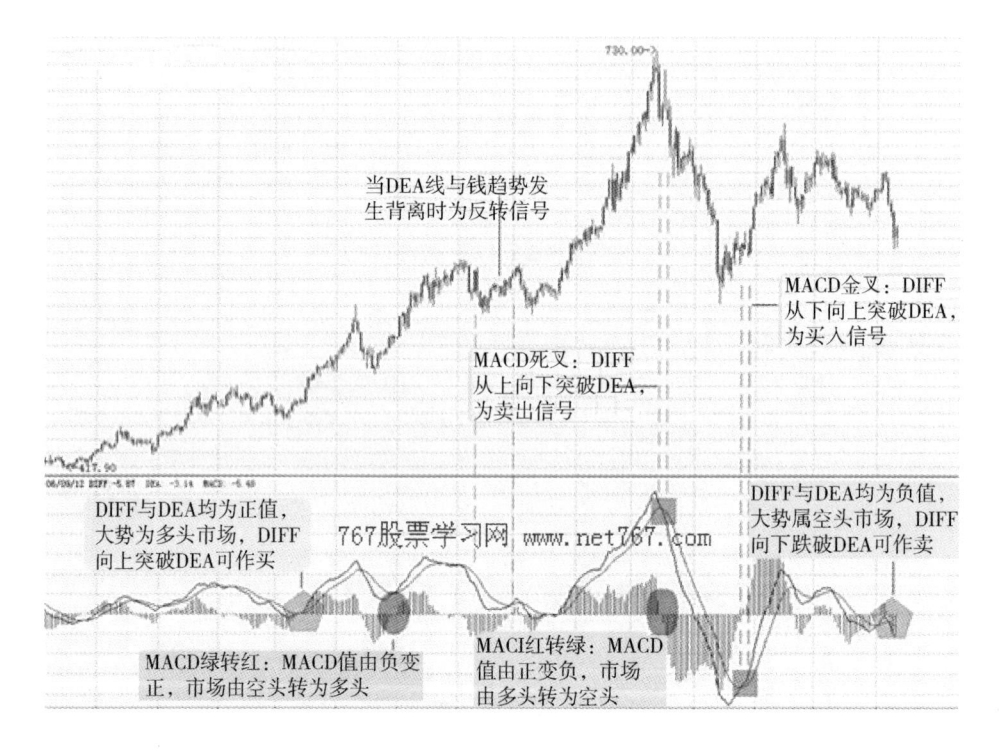

MACD指标的基本应用方法

2. 实战应用

（1）MACD顶背离：即股价（指数）逐步上行，而MACD没有同步上升反而逐步下降，这种技术形态往往预示着涨势将尽、见顶回落，尤其是前期出现过大幅上涨，同时 DIF 两次向下穿过 DEA 形成死叉时，下跌概率更大。此时，应逐步减仓，如果形成多层次（日、周、月线）的顶背离共振，更应尽快离场，待技术面修正后再行交易。

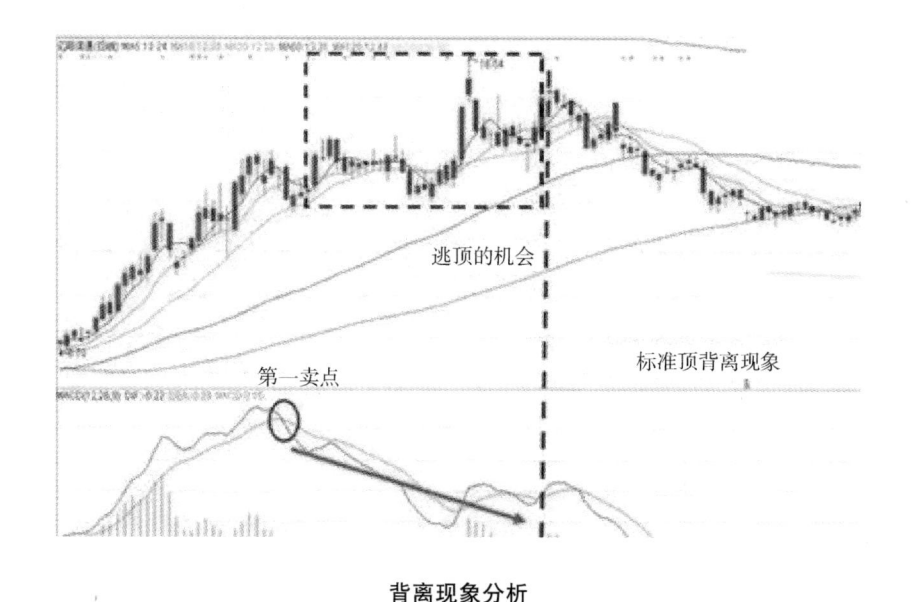

背离现象分析

（2）MACD 底背离：即股价（指数）逐步下行，而 MACD 没有同步下降反而逐步上升，这种形态往往预示着跌势将尽、见底回升，尤其是前期出现过大幅下跌，同时 DIF 两次向上穿过 DEA 形成金叉时，上涨概率更大。此时，可逐步建仓，如果形成多层次（日、周、月线）的底背离共振，还可加码跟进，长线持有。

3. 注意点

（1）要准确把握 MACD 的买卖信号。DIF 向上突破 DEA（金叉）、MACD 上穿 0 轴都是买入信号，但一定要区分这是弱势市场还是强势的买入信号。一般来说，在 0 轴之下的金叉属于弱势市场，属于短线做多信号，可轻仓介入、当反弹对待；而上穿 0 轴的金叉属于强势市场，属于中长线做多信号，可积极参与，波段交易。

同理，卖出信号也有很多，如 DIF 向下穿破 DEA（死叉）、MACD 下穿 0 轴等，有的是强势市场中的短线回调，如果贸然清仓，很可能踏空。而有的是由强转弱或弱势市场的卖出信号，则应当机立断，止盈或止损出局。到底是短线回调

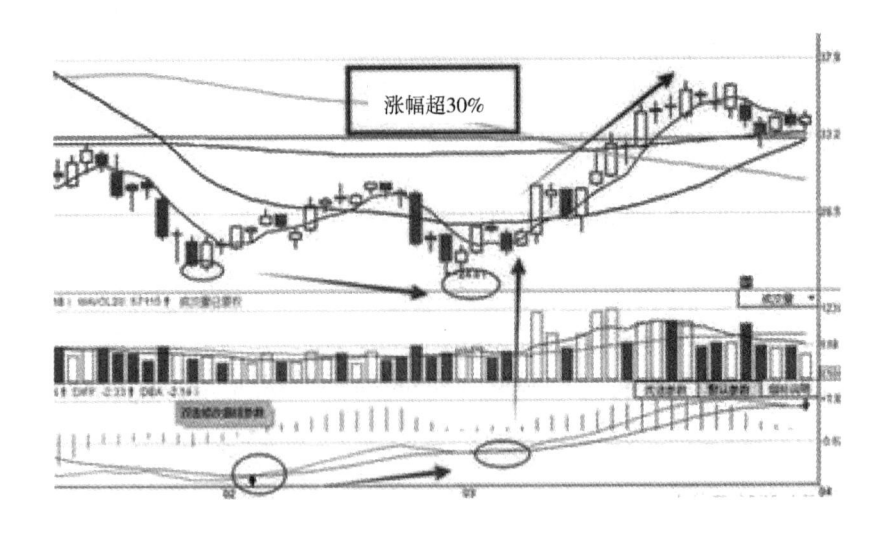

还是中长线看跌，关键在于 MACD 位于 0 轴之上还是之下。

背离

（2）要慎重对待 MACD 的背离形态。理论上，MACD 的背离是不可能长久的，迟早要修正。但实际上，"背离之后还有背离"的现象也经常出现，如果一见到背离就贸然卖出或买入，结果可能是惨痛的。为此，我们要慎重对待：当 MACD 出现多次顶背离同时形成死叉，且股价涨幅超过或接近 100%，最好离场观望；当 MACD 出现多次底背离同时形成金叉，且股价跌超过或接近 50%，可以试探性买入、分批建仓。

（3）要善于弥补 MACD 的指标缺陷。MACD 作为一项中线指标，对于捕捉忽上忽下的短线行情往往力不从心，特别是一两天内涨跌幅度巨大时，MACD 无法及时产生买卖信号，这就需要借助 KDJ 等其他更加灵敏的技术指标来辅助判断。当然，也可以通过修改 MACD 的参数或缩短分析周期，如将日线图转为分时图来提高其灵敏度，以补短线不足。

三、筹码分布 CYQ（地利）

兵家云：天时地利人和，吾以此知胜负。股市亦如战场，如果说 MACD 反映天时，成交量带来人和，那么创造地利的就是筹码分布了。筹码分布又称成本分布，指在不同价位上，投资者的持仓数量及获利比例。筹码压顶，预示着地势险阻难攻；筹码托底，代表地势坚固易守。筹码随着交易进行是时刻变化的，从分散到聚集，再到分散、再聚集……循环往复，由此形成了市场行情的三个阶段：吸筹—拉升—派发。故，筹码分布不仅揭示了庄家的操盘之法，更是反映股价运行压力和支撑位的重要技术指标，需要从基础到应用深刻剖析、全面把握。

1. 筹码分布的组成

（1）筹码柱：由红、绿两种颜色组成的长短不一的柱状线，红色为获利盘，绿色为套牢盘。每一根横线代表一个价格，线的长短代表该价格对应的筹码的多少，如果一个价格区间存在大量筹码就会形成筹码峰；反之，只有少量筹码就形成筹码谷。

（2）平均成本：在密集的筹码线中间有一条白色或黄色线，代表当前市场持仓者的平均成本线。

（3）获利比：以当前价格为基准，获利投资者所占的比例。

（4）90%成本和70%成本：指市场上90%和70%的筹码的成本分布区间。

（5）集中度：即筹码成本的集中程度，间接反映了一只个股的筹码被庄家掌握的程度。其值理论上在0~100，数值越小，成本越集中，即持有者的成本相差不大；数值越大，成本越分散。一般来说，当两个数值（90%和70%成本）都小于10时，我们可以认为该股的筹码状态是高度密集的；当70%筹码集中度小于10，而90%筹码集中度大于10，说明筹码相对密集；当两个数值都大于10且小于20，说明筹码相对分散；当两个数值都大于30，说明筹码完全发散。

2. 筹码分布的变化

和商品交换一样，只要有交易，就会有筹码的交换，从而引起筹码分布的变化。总体来说，筹码分布的变化是一个"聚集—发散—再聚集"的循环过程：新股刚上市时，筹码集中在少数原始股东手中；上市后，不少原始股东将其解禁后的原始股卖给了二级市场上的投资者（有机构也有散户）。随着交易的不断进行，看好公司（股票）的投资者买入的筹码越来越多，不看好的逐渐离场，筹码又集中到了少数投资者手中。当净买入大于净卖出时，公司的股价就会节节攀升，逐步到达不同投资者获利卖出的预期价格，于是那些持有大量低位筹码的少数投资者便将手中的全部或部分筹码卖给了后面纷纷买入的更多的投资者。筹码分布每经历一次循环，投资者的财富也随之发生一次转移。

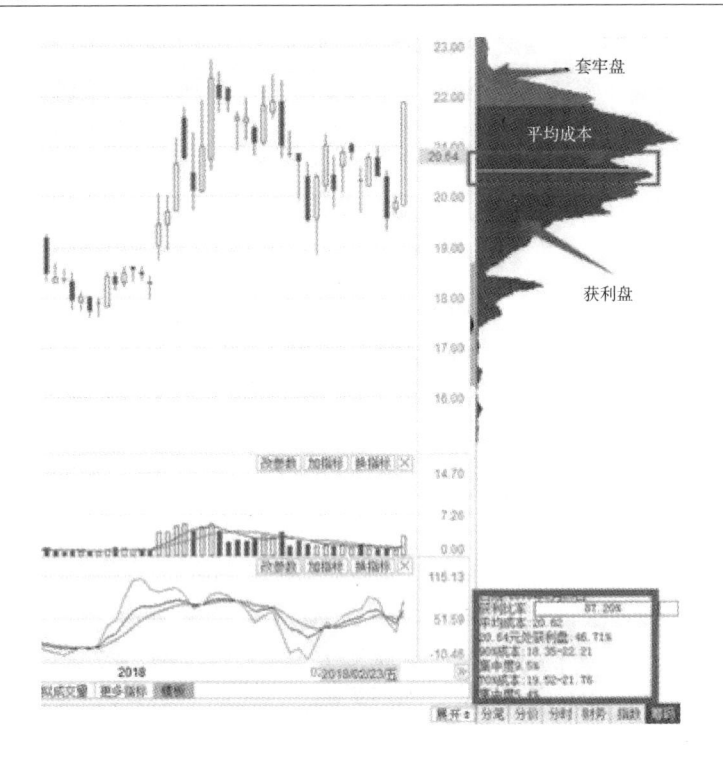

筹码分布的组成

3. 筹码分布的形态

在筹码分布的循环过程中，每个价位区间筹码柱的长短是动态变化的，但在一定时期内，因在不同价位上买入的筹码数量不同，其分布又呈现出一定的形态，买的多而密集的像山峰（筹码峰），买的少而松散的像山谷（筹码谷），少数个股还可能呈现出平均分布的带状形态（筹码发散）。

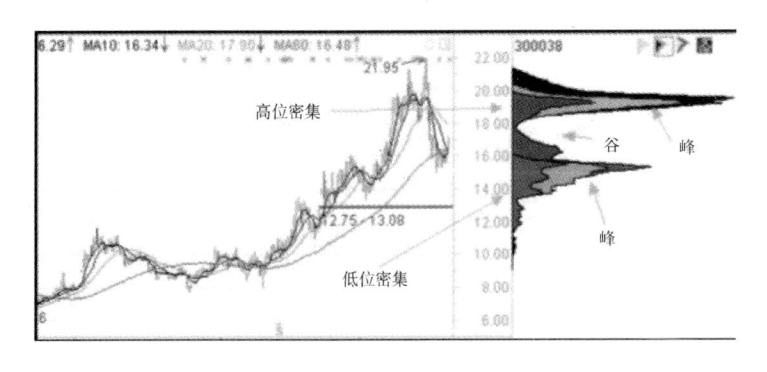

筹码分布的形态

根据筹码峰的数量，重点介绍几种常见的筹码分布形态：

（1）单峰密集：当股票筹码集中在一个价位区域时，筹码分布就会形成一个独立的密集峰形，即单峰密集。根据单峰所在的相对位置，又可以分为高位单峰密集、低位单峰密集。

单峰密集形成的主要原因是股价横盘整理。一般来说，低位的单峰密集由主力的建仓、吸筹、洗盘形成，其横盘时间越长，密集程度越高，后期的上涨力度越大（俗语：横有多长竖有多高）。运用低位单峰密集买入法要注意两点：一是突破密集位要有成交量配合；二是回踩密集位要有显著支撑。

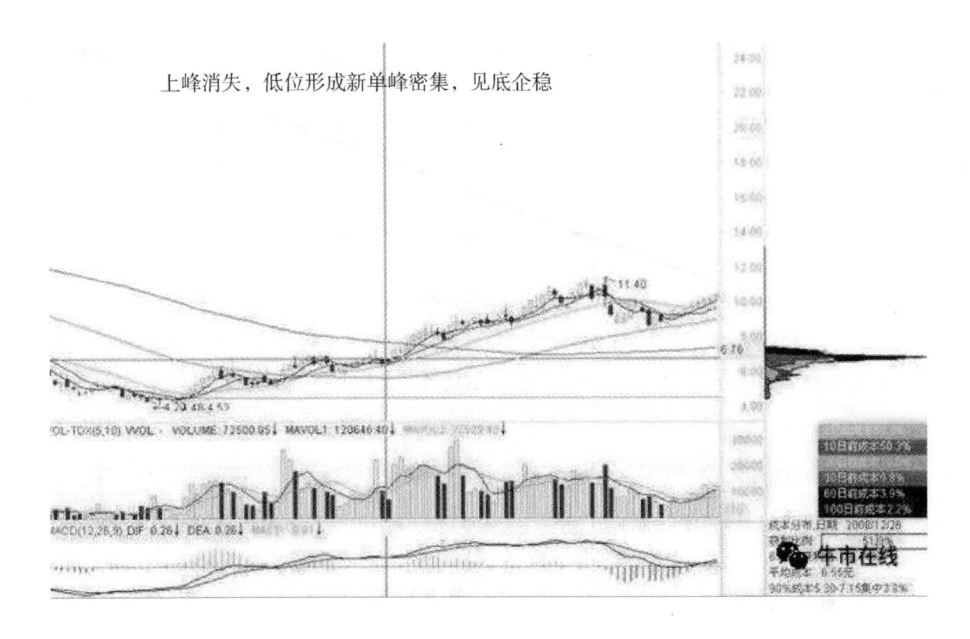

低位单峰

高位的单峰密集与低位相比，形成时间较短、密集程度较低，它是主力高位洗盘或出货的征兆。前期涨幅越大、位置越高，出货嫌疑越大。无论是高位洗盘还是出货，都需高度警惕、减磅为宜，如果放量跌破密集支撑位，应果断离场、避免深套。

（2）多峰密集：当股票筹码集中在两个或两个以上的价位区域时，就会形成多峰密集形状，多峰密集中最典型的是双峰密集。根据上、下峰形成的时间顺序不同，我们又可以将它分为下跌多峰和上涨多峰。

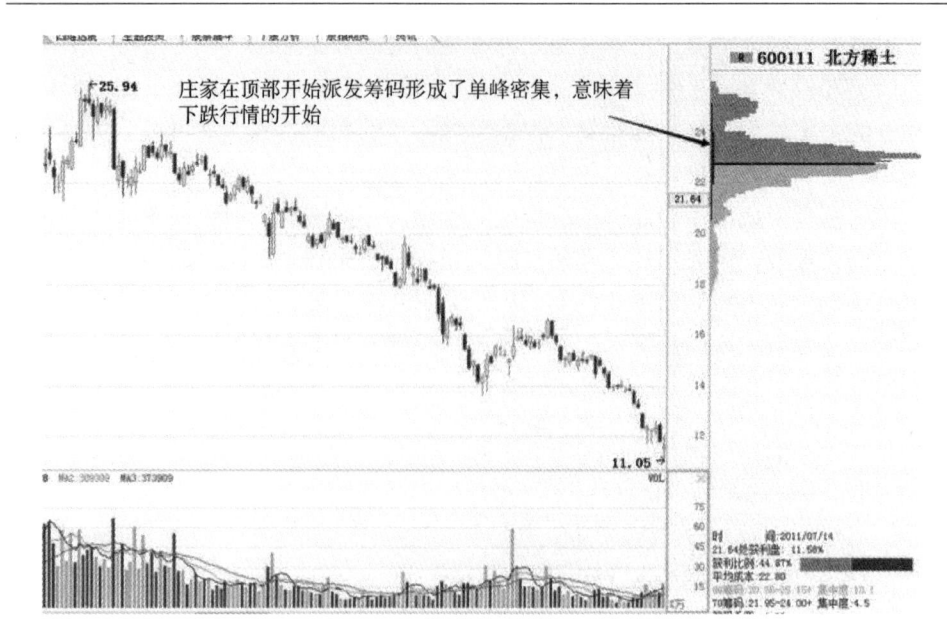

庄家在顶部开始派发筹码形成了单峰密集,意味着下跌行情的开始

高位单峰

下跌多峰是股票下跌过程中,由上密集峰下行,在某个价位区域获得支撑形成下密集峰(上峰部分套牢筹码割肉、部分新的筹码买入),而上密集峰仍然存在。通常,我们将上密集峰称为阻力峰,下密集峰称为支撑峰。当股价处于下跌双峰状态时,一般不会立即发动上攻行情,因为上面阻力还较大、下面支撑尚不稳。股价通常在双峰之间(峰谷)震荡运行,最终将上、下峰消耗掉,在原峰谷的位置形成单峰密集,也就意味着新的吸筹阶段完成,这一过程被称为"双峰填谷"。

上涨多峰是股票上涨过程中,由下密集峰上行,在某个价位区域横盘整理形成上密集峰(下峰部分获利筹码抛售、部分新的筹码买入),而下密集峰仍然存在。上涨多峰通常出现在做庄周期较长的股票中,在上涨过程中多次盘整换手,形成多峰状态。在上涨双峰中,下峰的意义重大,它表明庄家仓底筹码的存有量。如果上峰小于下峰,行情将继续看涨;反之出货的可能性增大。

4. 筹码分布与行情变化三阶段

之前介绍了筹码变化循环的过程:"聚集—发散—再聚集",这个过程在实际行情中对应着三个阶段:"吸筹—拉升—派发"。

(1)吸筹阶段:吸筹就是主力在某一较低价位(主力成本区),通过打压、横盘、拉升等手段,迫使套牢散户割肉、诱骗获利散户出局(常称为洗盘),自己

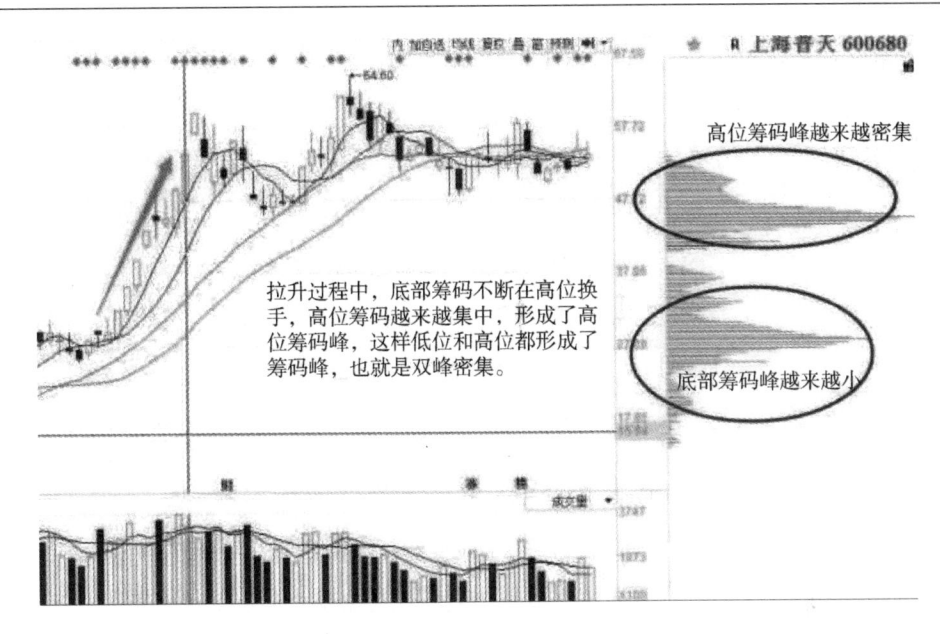

上涨多峰

低位承接，筹码从散户流向主力的过程。通过吸筹、洗盘，筹码分布逐渐呈现出单峰密集形态，上方压力减小，庄家控制力增强。吸筹阶段一般时间较长、日成交量减少，低位充分换手是吸筹完成的前提（最好200%以上）。

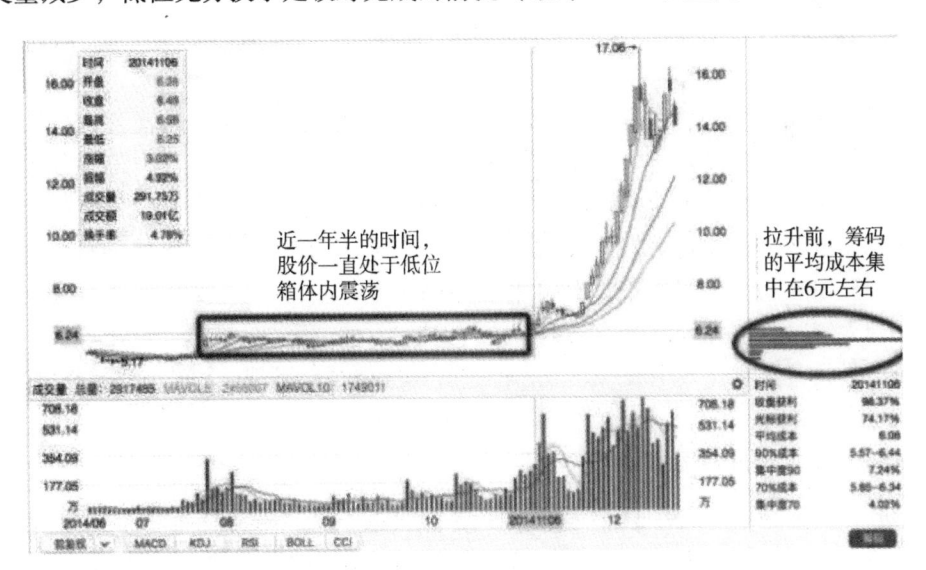

吸筹

（2）拉升阶段：当主力完成吸筹、洗盘之后就会进入拉升阶段。这个阶段成交量会逐步放大、筹码逐渐发散，但主力仍将大部分筹码锁定在吸筹区域，只用少部分筹码做盘，让股价保持稳步上涨，博取市场关注、吸引散户跟风，从而形成击鼓传花的抬轿形态，坐等渔翁之利。如下图所示，在拉升过程中，主力在6元附近吸收的筹码大部分锁定，只有少部分向上转移。

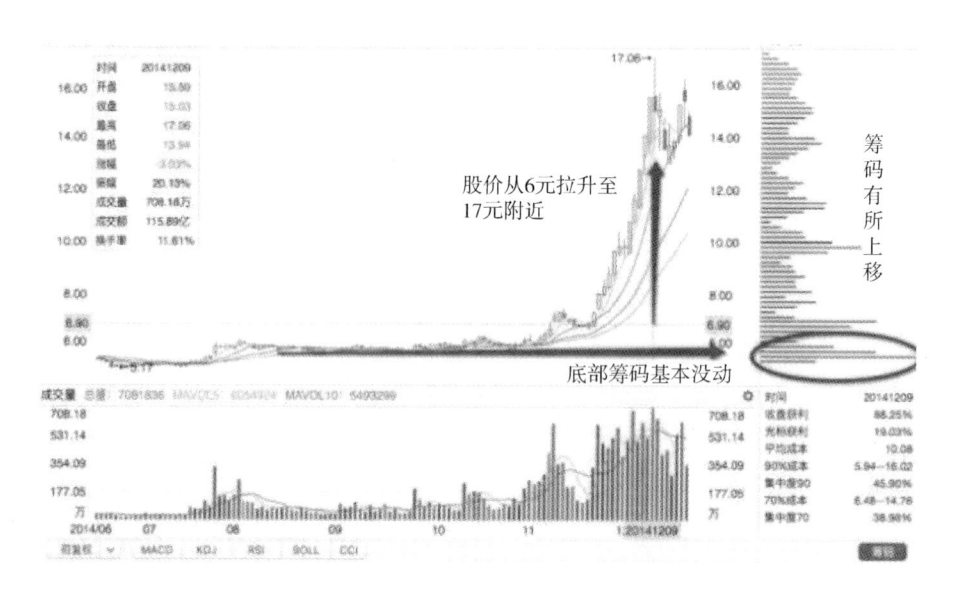

拉升

（3）派发阶段：当股价拉升到一定空间，主力获利充分后，就会进入兑现利润的筹码派发阶段。这个阶段成交量会进一步放大、换手率提高，筹码分布由低位单峰密集逐步转化为多峰密集、高位单峰密集形态，高位充分换手是派发完成的标志（200%左右）。在派发阶段，主力可能反复拉抬股价甚至迭创新高，诱导散户纷纷入场。为了实现充分换手和筹码派发，主力常"做出"顶部盘整之势，让人感觉行情并未结束，只是中途调整。当然，如果有新的主力介入，不排除股价新高甚至激化成牛股、妖股，但这样的股票往往可遇不可求，普通投资者切不可盲目追涨。

5. 筹码分布与股东户数变化

股东户数是指持有一只个股的投资者的数量，是判断筹码集中度的重要指标。股东户数越少，筹码越集中，这个数据通常在季报、中报、年报后定期披露，有些公司也会每隔一月或半月披露一次。我们可以通过查阅个股资料（按键

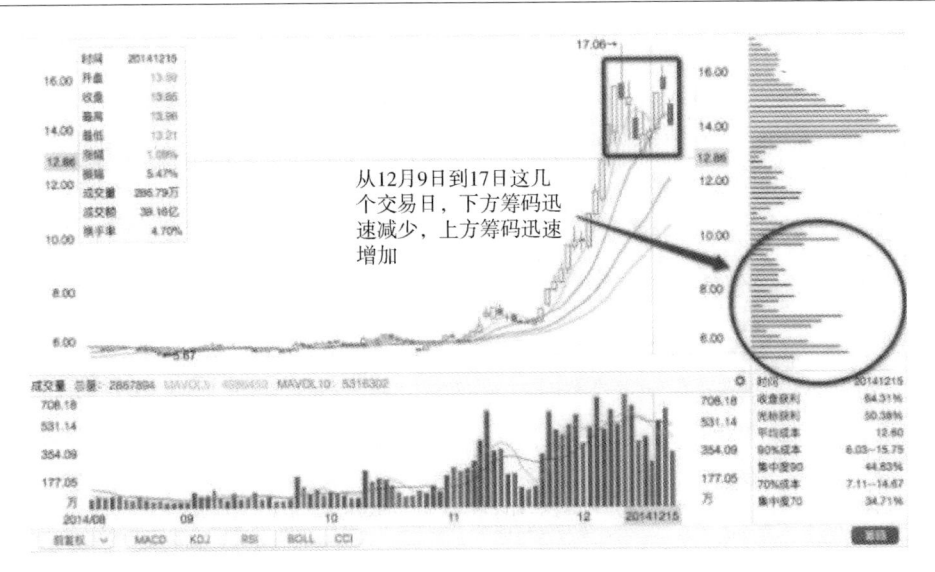

派发（一）

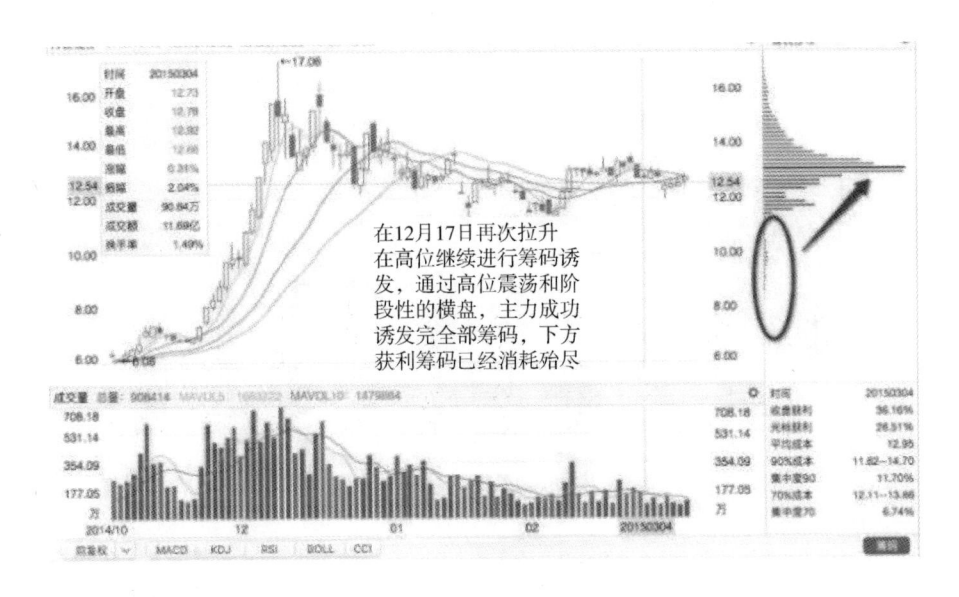

派发（二）

F10）即时获悉股东户数变化、十大股东明细等资料。根据股东明细，我们可以分析、获得并验证一些重要信息：

（1）了解筹码性质及构成。通过查阅十大股东，我们不仅可以掌握公司的性质（国有/民营），还可从中判断筹码的稳定程度和投资者的追捧热度。一般来说，社保、基金、外资、私募等机构投资者具有较强的专业分析和鉴别能力，他们密集买入的公司通常具有较强的盈利和成长性，他们持有股票的时间也较长、筹码较稳定，喜欢做长线的稳健投资者可以伺机参与；而散户云集的股票筹码不太稳定、走势"随大溜"，当然也有一些牛散潜伏的股票走出犀利的上攻行情，但往往"来得快、去得快"，只适合少数嗅觉灵敏、手法熟练的投资者波段参与。

同时，通过查阅前十大股东所占流通股的比例，我们还可以揣测主力介入一只股票的深度。占比越高，主力介入越深，筹码越稳定。

（2）辅证行情发展阶段。在股价相对低位时，如果股东户数短时间内大幅减少，说明散户大量撤离、主力大量买入，筹码趋向集中；当股价大幅上涨后，如果股东户数急剧增加，说明主力逢高出货、散户追高买入，筹码逐渐分散。当然，仅凭股东户数变化来判断行情发展阶段是远远不够的，需要综合大环境、基本面、技术面等多因素综合考虑，如遇到大势坍塌、主力资金断裂、公司突发状况等情况，更需随机应变、做出最佳决策。

新疆众和

名次	股东名称	股东性质	股份类型	持股数(股)	占总流通股本持股比例	增减(股)	变动比例
1	特变电工股份有限公司	其他	A股	234,565,399	28.14%	不变	--
2	云南博闻科技实业股份有限公司	其他	A股	71,806,365	8.61%	不变	--
3	新疆凯迪投资有限责任公司	投资公司	A股	10,140,000	1.22%	不变	--
4	中国建设银行股份有限公司-景顺长城量化精选股票型证券投资基金	证券投资基金	A股	7,578,020	0.91%	新进	--
5	新疆宏联创业投资有限公司	投资公司	A股	7,366,020	0.88%	不变	--
6	中国工商银行股份有限公司-嘉实周期优选混合型证券投资基金	证券投资基金	A股	6,058,900	0.73%	新进	--
7	基本养老保险基金八零二组合	基本养老基金	A股	4,951,310	0.59%	新进	--
8	宋文	个人	A股	4,855,000	0.58%	177,540	3.80%
9	交通银行股份有限公司-易方达科汇灵活配置混合型证券投资基金	证券投资基金	A股	4,621,039	0.55%	新进	--
10	全国社保基金一一四组合	全国社保基金	A股	4,016,604	0.48%	新进	--
	合计	--	--	355,958,657	42.69%	--	--

十大股东情况

经典技术图形解析

古人有按图索骥，现代有励精图治。图，包罗万象，是一切规律探索和经验总结的直观体现！行医要学人体图，行军要按路线图，发展要作规划图，炒股要看K线图。K线图之所以重要，是因为它是买卖力量激烈博弈后的结果表现，如同感冒，不管是发烧、咳嗽还是打喷嚏，都是表象，内因是病毒细菌与免疫系统博弈的阶段反映，要除病，必须由表及里、对症下药。很多感冒，掌握了本质，只要注意休息，还能自愈。炒股也一样，要掌握主力行踪、资金运作，必须先看懂其表象——图！K线图基本理论在之前已有所介绍，本节重点讲讲它的图解应用。

一、K线及其经典组合

K线图，顾名思义，由K线组成的图。要看懂和掌握"图"，首先就要了解"线"、掌握"线"。

（一）K线

K线又称蜡烛线、阴阳线，是以开盘价、最高价、最低价和收盘价四个要素为基础绘制而成的线（红色为涨、绿色为跌），按分析周期可细分为：5分钟、15分钟、30分钟、60分钟、日K线、周K线、月K线等。

我们以日K线为例，逐一介绍以下19种K线：

（1）光头光脚阳线：极端强势上涨，后市看多。
（2）光头光脚阴线：极端强势下跌，后市看空。
（3）大阳线：强势上涨，后市看多。
（4）大阴线：强势下跌，后市看空。

1	2	3	4	5	6	7	8	9	10	11	12	13	14	15	16	17	18	19
强势，但出在末端，则可能盛极而衰。				较强势，但出在末端，则已显疲软之势。				弱强势，出在末端，往往有变局之意。				僵持不下，但出在末端，比之前面的大阴阳线，有变局之意。						

19 种 K 线

(5) 带下影光头阳线：较强势上涨，空方开始阻击，须注意。

(6) 带下影光头阴线：较强势下跌，多方开始反击，可留意。

(7) 带上影光脚阳线：较强势上涨，遇到空方阻击，须注意。

(8) 带上影光脚阴线：较强势下跌，遇到多方反击，可留意。

当上、下影线长过阴阳线实体，变成（9）～（12）的 K 线形态，其代表的含义也发生了变化：

(9)(10) 出现在连续上涨的顶部，为上吊线，空方剧烈阻击；出现在连续下跌的底部，为锤子线，多方剧烈反击，后市有变。

(11)(12) 出现在连续上涨的顶部，为流星线，摸高受阻；出现在连续下跌的底部，为倒锤子线，底部支撑，后市有变。

当上、下影线盖过阴阳线实体，阴阳线实体非常小甚至没有，就会变成（13）～（18）的星形态，说明多空双方僵持不下，失去方向感，如果出现在连续涨、跌势的末端，往往引发风云突变。

(13)(14)(15) 小阳线、小阴线、十字线：一般不能确定后市，但出现在连续上涨（连续下跌）后，说明涨势（跌势）停顿，后市有变。

(16) 长十字线：和十字线一样，但意义更强烈。

(17) 出现在连续上涨的顶部，为风筝线，出现在连续下跌的底部，为多胜线，后市有变。

(18) 出现在连续上涨的顶部，为墓碑线，出现在连续下跌的底部，为空胜线，后市有变。

(19) 一字线：开盘、收盘、最高、最低价在同一价位，常出现于涨（跌）停板或交易极度冷清的股票中。

小结：阳线（阴线）实体越长，越有利于上涨（下跌）；十字星是过渡信号，出现在连续强势上涨后，谨防盛极而衰，出现在连续强势下跌后，可能否极泰来；指向一个方向的影线越长，则向这个方向继续前进的阻力越大；上下影线同样长，说明多空双方争夺激烈，后市方向不明，宜继续观察。

注意：K线应用不能生搬硬套，要结合大环境、成交量、股价位置、涨幅等全面考虑，有时还得熟悉庄家手法、个股脾性，要勤摸索、善总结，因时制宜、因地而宜，方能应用自如、得当。

（二）经典K线组合

K线组合是K线的延伸和拓展，它更能反映主力意图、强化趋势方向。组合比单一K线更多、更复杂，但万变不离其宗，我们通过重点分析一些经典组合，举一反三、触类旁通，就能全面掌握K线组合及其应用。

1. 底部组合

（1）早晨之星：又称希望之星、启明星，出现在下跌趋势的末端，是见底反转或阶段性触底反弹的信号，由三根K线组成，第一根是大阴线，第二根是实体较短的小阴（阳）线或十字线，第三根是大阳线。左右两根大阴、阳线并不需严格对称，但阳线实体长度至少要超过阴线实体1/2，越长后期反弹越高。中间的十字线可以是一根，也可以有多根（不超过3根），最好跳空低开，充分释放第一根阴线的做空动能和惯性力量，下影线越长，探底越扎实，见底信号越强烈。

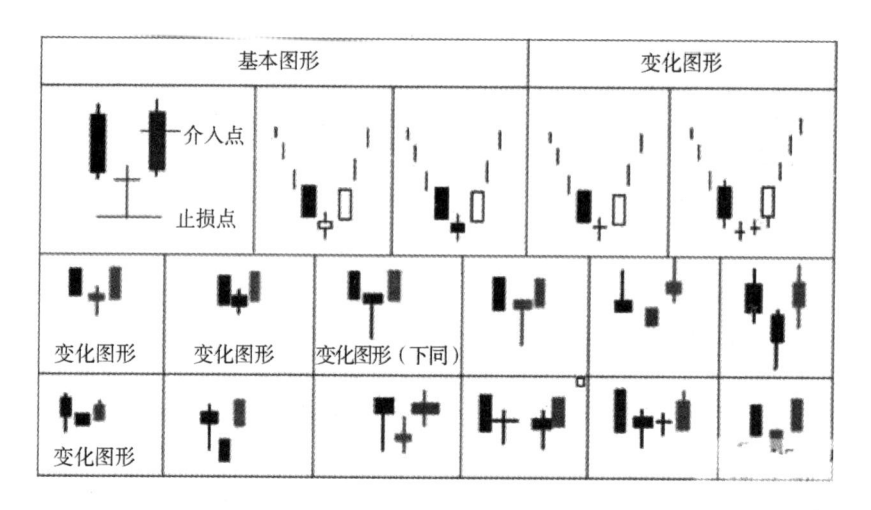

希望之星

（2）旭日东升：通常出现在下降趋势的末端，先是一根中阴线或大阴线延续下跌走势，次日突然跳空高开，收出一根大阳线，且收盘价超过前一根阴线的开盘价，宛如一轮红日跃出海面，故名旭日东升。第二天的阳线实体越长、成交量越大，后市反转的可能性越大、反弹力度越强。

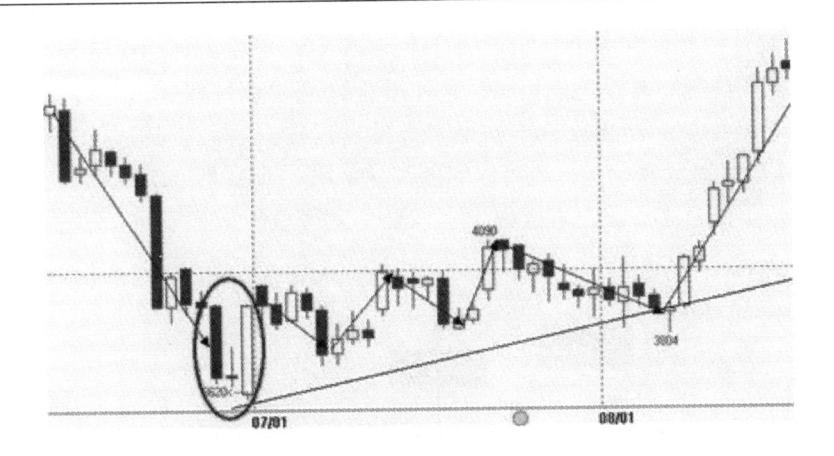

希望之星实例

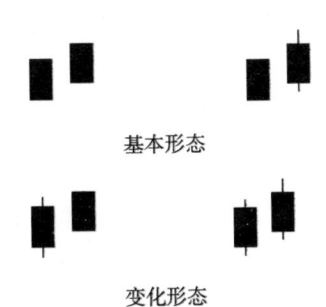

基本形态

变化形态

旭日东升形态

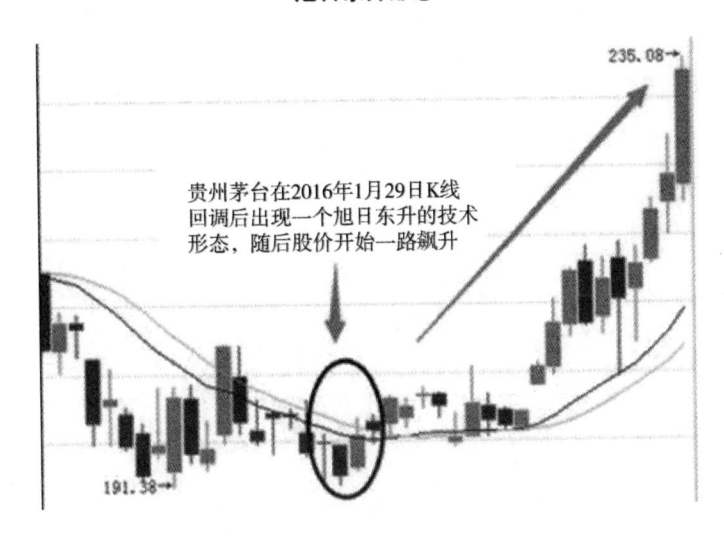

贵州茅台在2016年1月29日K线回调后出现一个旭日东升的技术形态,随后股价开始一路飙升

旭日东升实例

(3) 双针探底：在股价（指数）下跌过程中，先后出现两根带长下影线的 K 线，且低点位置非常接近或相同，这种组合称为"双针探底"，预示着底部确认，空头衰竭，多头即将反攻。如果多头没有反攻，反而震荡下行，则探底失败。"双针"可以紧密相连，也可以间隔其他 K 线，但最低点不能低于"双针"，且间隔天数不能过多，多于五天以上"双针"就变成"双底"了。

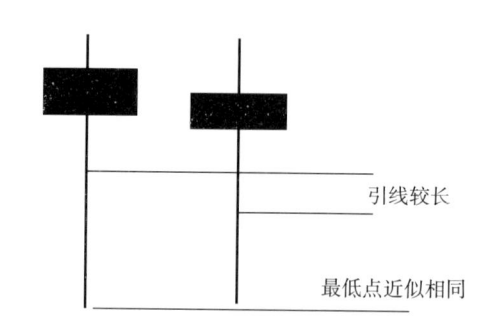

引线较长

最低点近似相同

双针探底

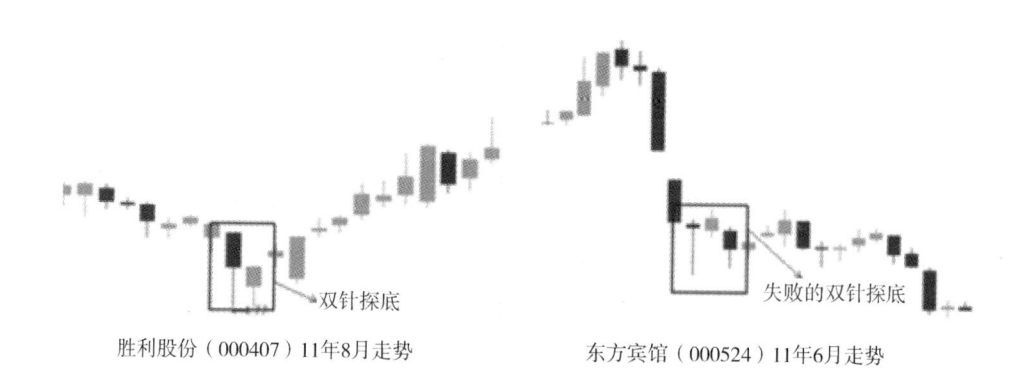

胜利股份（000407）11年8月走势 —— 双针探底

东方宾馆（000524）11年6月走势 —— 失败的双针探底

双针探底实例

2. 顶部组合

(1) 黄昏之星：又称暮星，一种类似早晨之星的 K 线组合，是上涨过程中较强的中短期回调或反转信号。它一般由三根 K 线组成，先是一根大阳线延续上升趋势；次日冲高回落，形成上影线，实体部分窄小，构成"星"的主体；第三日突然下跌，拉出长阴，抹去前两天大部分涨幅。左右两根大阳阴线实体越大、振幅越宽，看跌信号越强，它们之间可以是 1～3 个小阴（阳）线，也可以是十字星，单个跳空高开的放量阴十字见顶信号最强。

黄昏之星

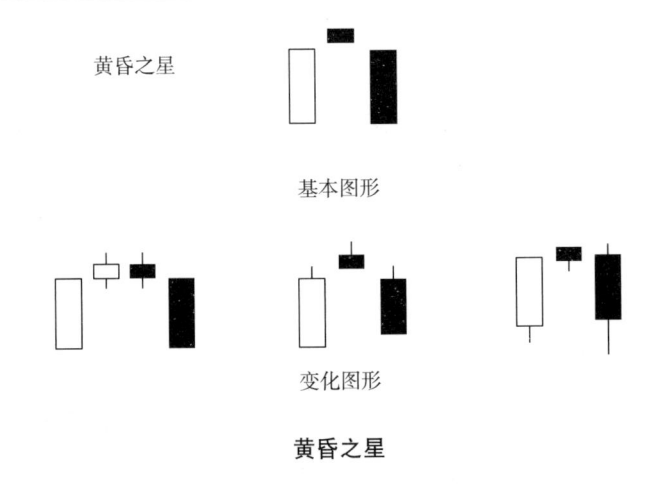

基本图形

变化图形

黄昏之星

黄昏之星实例

（2）乌云盖顶（倾盆大雨）：通常出现在一段上升行情的末端，由一阳一阴两根K线组成，是见顶反转或阶段性回调的看跌信号。乌云盖顶第一天是阳线实体，第二天是大阴线，且开盘价超过第一天最高价，收盘是当日最低或较低价，阴线实体深入到阳线实体内部一半以下，深入越多，见顶回落可能性越大；倾盆大雨与其类似，只是第二天是一根低开低走的大阴线，且收盘价低于前一天的阳线实体。倾盆大雨的杀伤力比乌云盖顶更大更强烈。

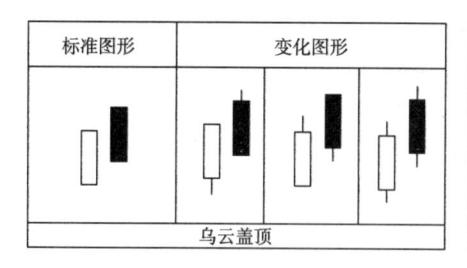

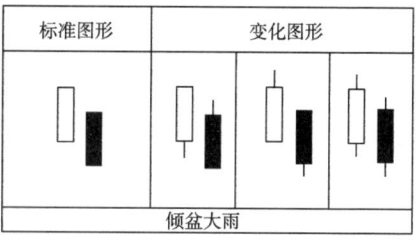

标准图形	变化图形			标准图形	变化图形		
乌云盖顶				倾盆大雨			

乌云盖顶

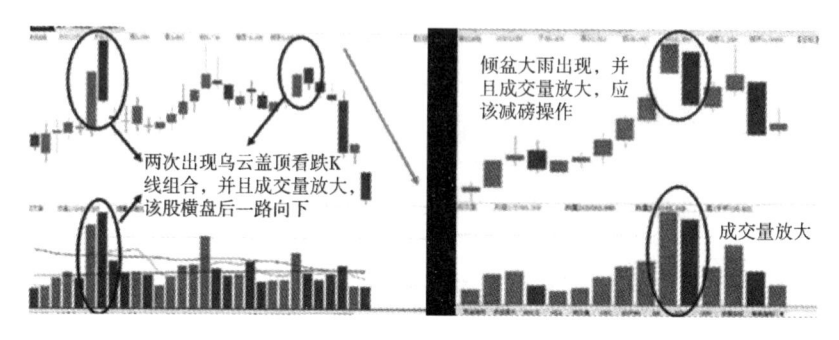

乌云盖顶实例

（3）断头铡刀：通常出现在上涨后期或高位盘整期，5日、10日和20日均线呈收敛状态，突现一根放量阴线（跌幅4%以上）砸破短、中、长三条均线，是中长期见顶反转、看跌信号。三条均线收敛说明股价已有较长时间维持横向震荡，持有者成本接近，如果突遇大卖盘，容易引发套牢筹码跟风"踩踏"，导致大跌。"铡刀"越长、成交量越大，看跌信号越强烈。

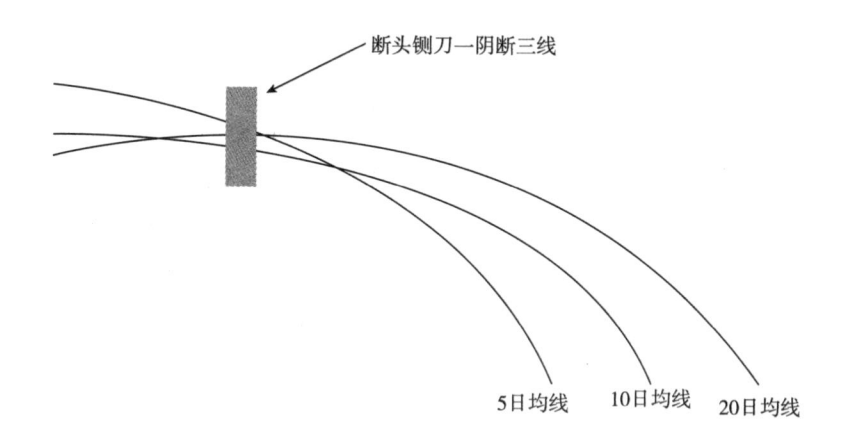

断头铡刀

G 联通

3. 其他组合

（1）红三兵：通常出现在上涨行情的初期，由三根连续创新高的小阳线组成，后势看涨的情况居多。如果发生在下降趋势中，则是较强的反转信号。三根 K 线的每天开盘价在前一天阳线实体之内，收盘价在当天最高点或接近最高点，且高于前一天收盘价，三根阳线实体一般等长。

红三兵有三种特殊形态：三个白色武士、升势受阻、升势停顿。三个白色武士与红三兵相似，不同的是每日收于最高点，量能逐步放大，且最后一根阳线实体较长，其看涨信号强于普通红三兵；升势受阻的三根阳线逐渐缩小，最后一根阳线的上影线特较长；升势停顿也是阳线逐渐缩小，特别是第三根阳线比前二根小得多。升势受阻、升势停顿不仅看涨信号弱于红三兵，甚至可能转入跌势。

黑三兵：与红三兵意义相反、形态相似（镜像），通常发生在下降趋势中，是强烈的看跌信号。

（2）上升三部曲：通常出现在上涨初期或中途，由大小不等的 5 根 K 线组成，先是一根大（中）阳线，接着连续出现 3～5 根缩量小阴线，且都没有跌破阳线开盘价，随后又拉出一根放量的大（中）阳线并创出新高，整体就像一个

"N"字。该组合说明多方正在积蓄力量、伺机上攻，之后通常有一轮较大的升势。

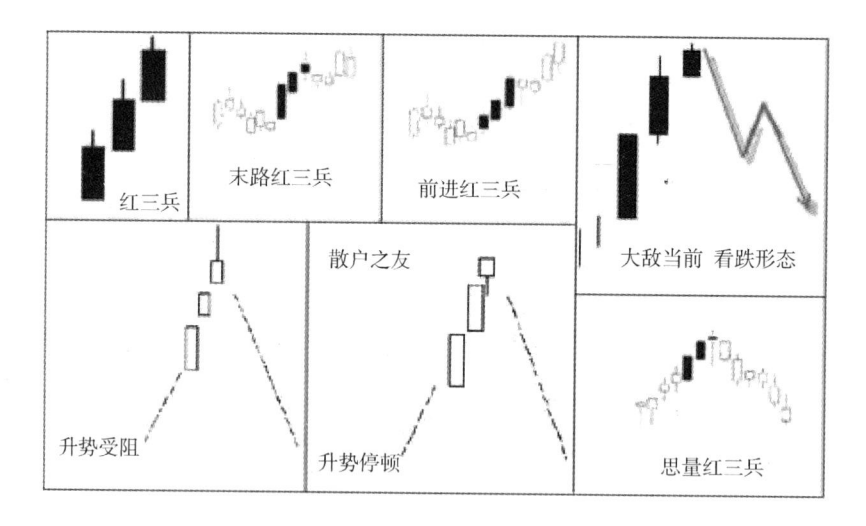

红三兵

红三兵实例

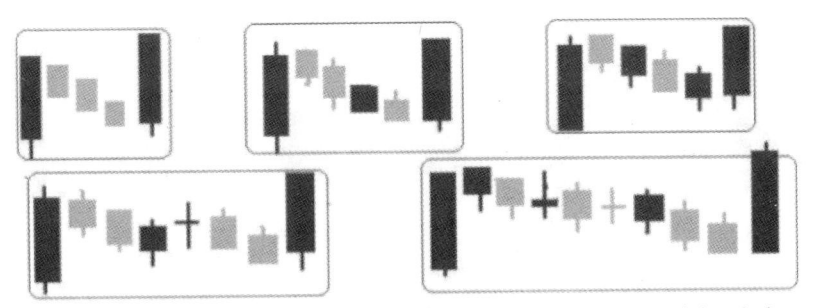

上面几个图形均属于上升三部曲K线组合，股价首先拉一根中阳线或大阳线向上发动攻击，随后股价接连收小阴、小阳，或十字星向右下方逐渐回调，最终股价回调止跌的点位并没有跌破第一根中阳线或大阳线的开盘价位，之后股价再次拉中阳线或大阳线向上发功攻击，并一举创出整个K线组合的新高。

K 线组合

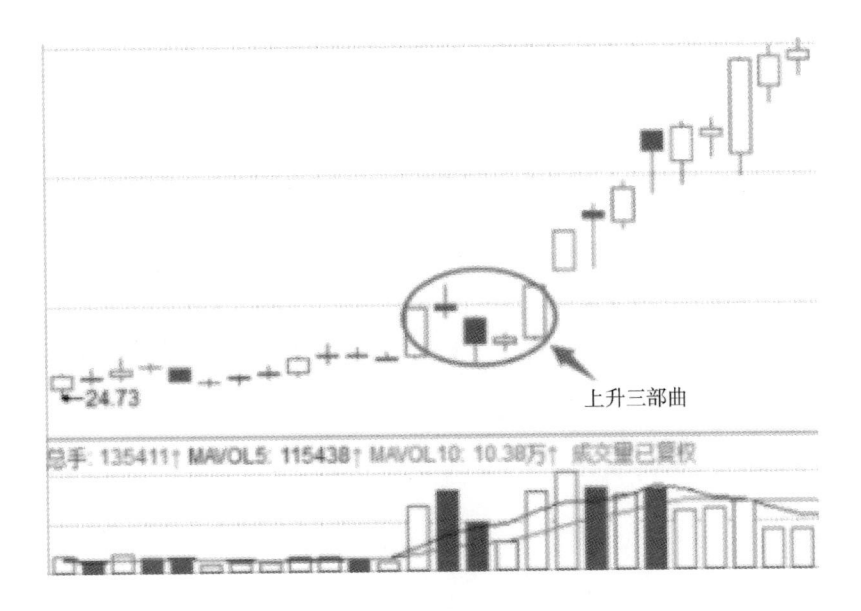

上升三部曲

下降三部曲：与上升三部曲意义相反、形态相似（镜像），通常发生在下跌初期或中途，后市看跌。

（3）两红夹一黑（多方炮）：即两根阳线中间夹着一根阴线，三根K线的中轴几乎在同一水平位置，中间的阴线实体较短，可以是小十字星或T字线，两边的阳线实体较长。该组合在上涨或下跌趋势中都可能出现，在上涨趋势中，预示着后市继续看涨，可顺势加仓，但在相对高位出现则需谨慎，短炒为宜；在下跌趋势中，既可能是见底反弹，也可能是诱多，可试探性轻仓介入。

上面四个图形均属于两红夹一黑K线组合，两根较长的阳线中间，夹着一根较小的实体阴线，阴十字星或阴T字线。

股价排列向右下方倾斜，弱势多方炮。

股价排列向右上方倾斜，强势多方炮。

股价排列跳空向上，超强势多方炮。

两红夹一黑

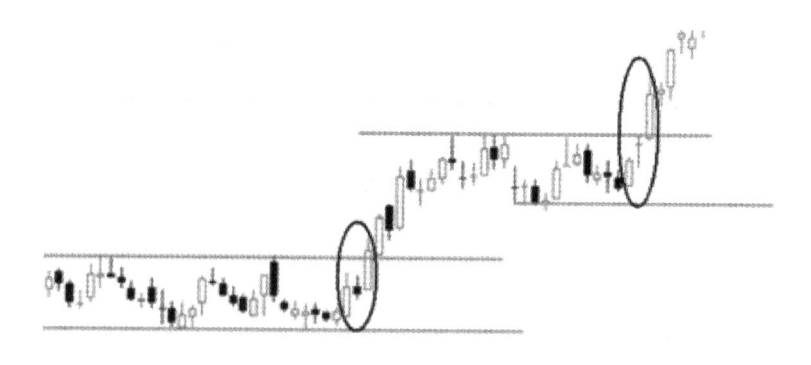

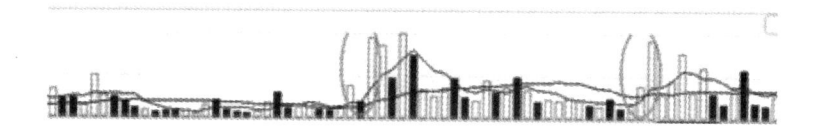

两红夹一黑实例

两黑夹一红：与两红夹一黑形态相似，在上涨或下跌趋势中都可能出现。在上涨趋势中，预示着后市有变，在相对高位还可能是见顶信号，需引起警惕；在下跌趋势中，则继续看跌，不要过早介入。

（4）身怀六甲：又称"母子线""孕线"，由两根大小不等的K线组成，可以是一阴一阳、两阳或两阴，先是一根长阳（阴）线，再是一根小阳（阴）线或十字线，第二根 K 线包容在第一根 K 线实体之内，仿佛"怀中的胎儿"。"身怀六甲"既可在上升趋势也可在下降趋势中出现，通常在行情的中后期，是一种逆转信号，特别是成交量放大之后又急剧萎缩，反转的可能性更大。"身怀六甲"虽是一种逆转提示信号，但股价不一定立即见顶（见底），可能会继续上涨（下跌），我们需要结合其他 K 线语言及成交量变化来综合判断。

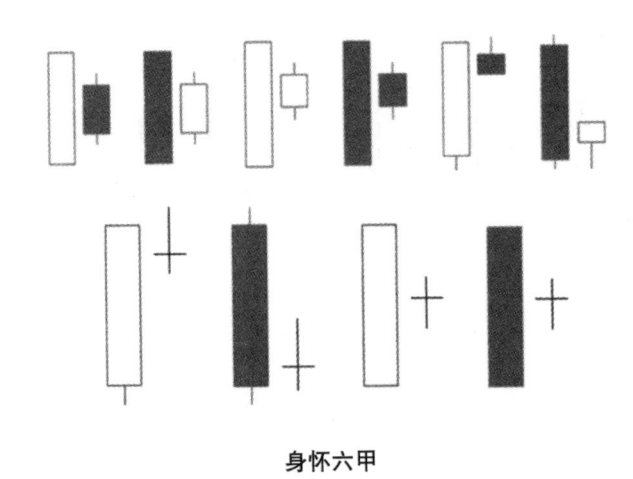

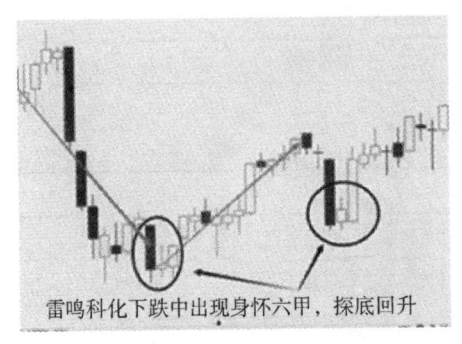

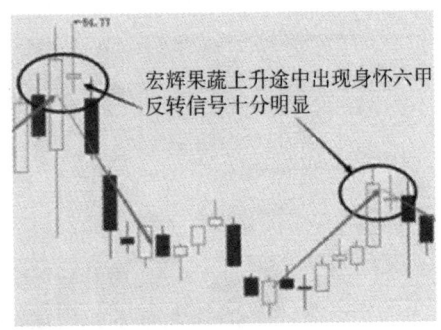

身怀六甲

身怀六甲实例

（5）穿头破脚：由一阴一阳两根大小不等的均线组成，第二根 K 线从头到脚"吃掉"第一根 K 线，是股市中最为激烈的一种 K 线形态。"穿头破脚"在涨、跌势中都可以出现，可分为顶部和底部穿头破脚两类。底部穿头破脚说明多方力量强大，是强烈回升的信号。顶部穿头破脚说明卖方力量强大，是强烈下调的信号。两根 K 线的长度越悬殊，转势的力度就越强。第二根 K 线包容前面的 K

线越多,转势机会就越大。连续2个及2个以上穿头破脚出现,则后期形成的趋势力度将更大。

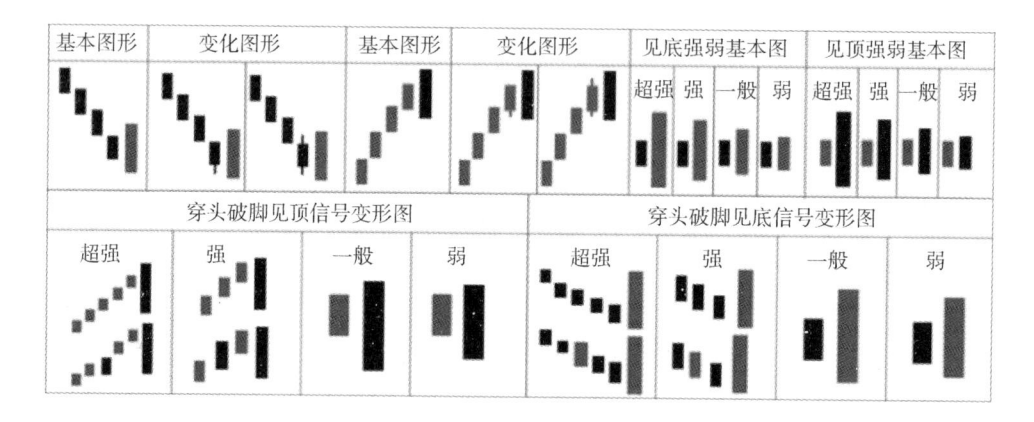

穿头破脚

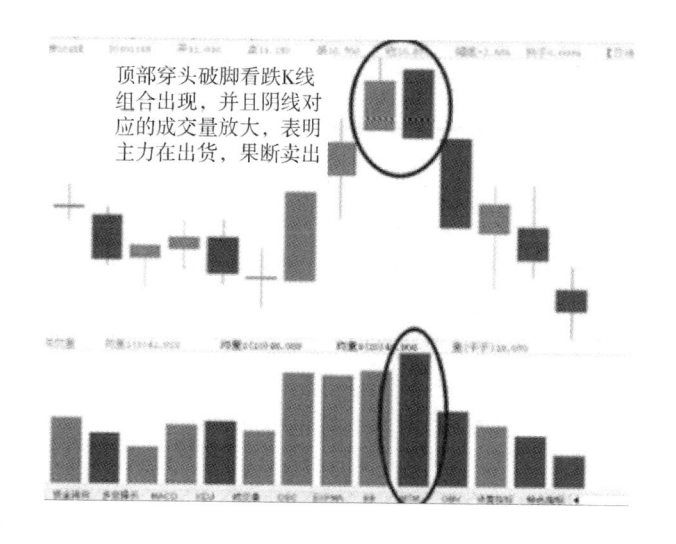

穿头破脚实例

(6)搓揉线:通常出现在上涨趋势中,由一根T字线和一根倒T字线组成,也可以是两根实体很小的分别带上、下影的小阴小阳线,就像织物在洗衣机中反复搓揉一样。这种K线组合一般只有主力才有能力为之,目的无非两个:洗盘、变盘。在上涨初期出现,多为主力清洗浮筹,减轻拉升压力,后市继续看涨,可适量跟进；而在上涨末期出现，特别是成交量明显放大，应警惕主力出逃，及时减仓。

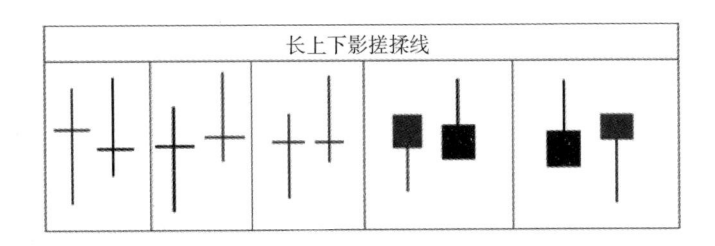

长上下影搓揉线				

单组"揉搓线"图	说　　明
	搓揉线在中阳线后，出现的先上阴T形线加下阴T形线的K线组合，为单组"揉搓线"。如同时出现缩量的配合，单组"揉搓线"之后，往往随之而来的是主升段的急升行情。如果是连续两组"揉搓线"则上涨的势头会更猛，是急涨的前兆（如下图形）。

搓揉线

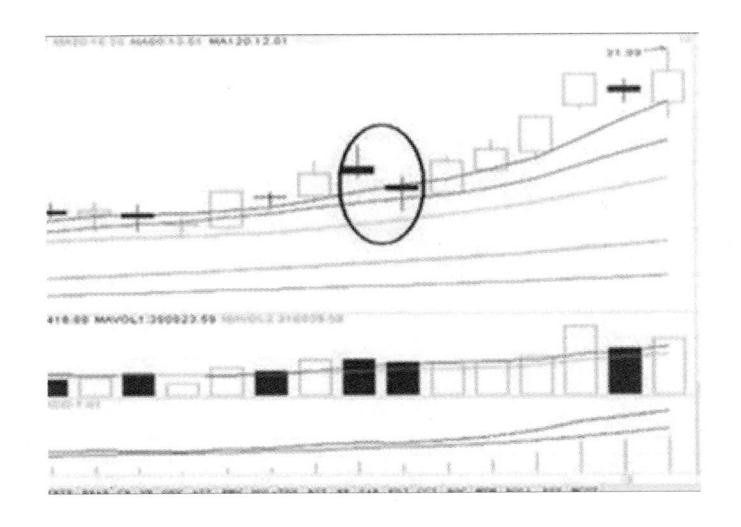

搓揉线实例

注意：以上底部 K 线组合同样不能生搬硬套，是长线反转（见底、见顶），还是短线反弹（回调），要结合价位、成交量、技术面等因素综合考虑，特别是在大市低迷、行情不佳时，指标可能失灵，应用需谨慎。

二、经典技术图形

线是图的基础和元素，图是线的集成和拓展。学习线的最终目的是为了看懂图、掌握图。下面，我们重点介绍底部、顶部和其他三大类经典技术图形：

1. 底部经典技术图形

（1）尖底：又称 V 形底，是指股价或指数持续下跌，到达某一低点后突然逆转大幅上扬，形成 V 字形走势，是一种变化较快、转势极强的常见且特殊的底部反转形态。

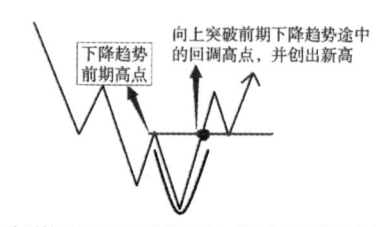

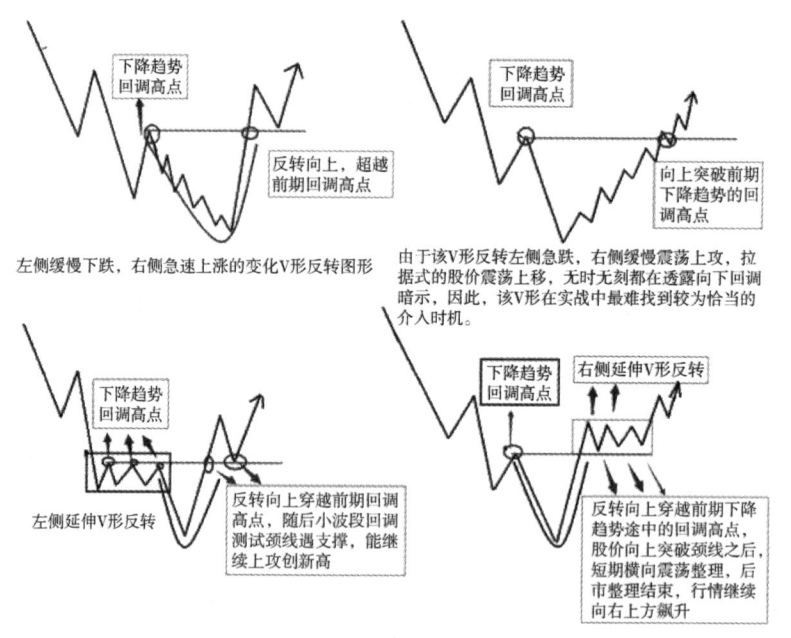

尖底

成因：①价值回归：极度恐慌引发超卖，股票跌至价值凸显的低位，吸引大量买盘，形成超跌反弹；②利好刺激：在股价的下跌途中，出现突发性利好，刺激股价瞬间暴涨；③主力做盘：主力趁人气低迷，以持续长阴下跌制造恐慌，迫使散户低位割肉，再利用长阳持续上攻，进一步收集廉价筹码，实现快速建仓。

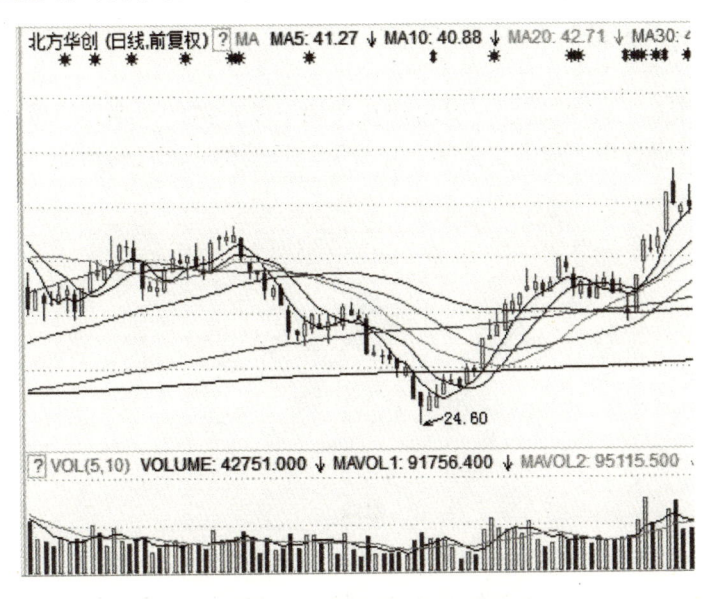

"芯片卡脖"事件后的超跌反弹

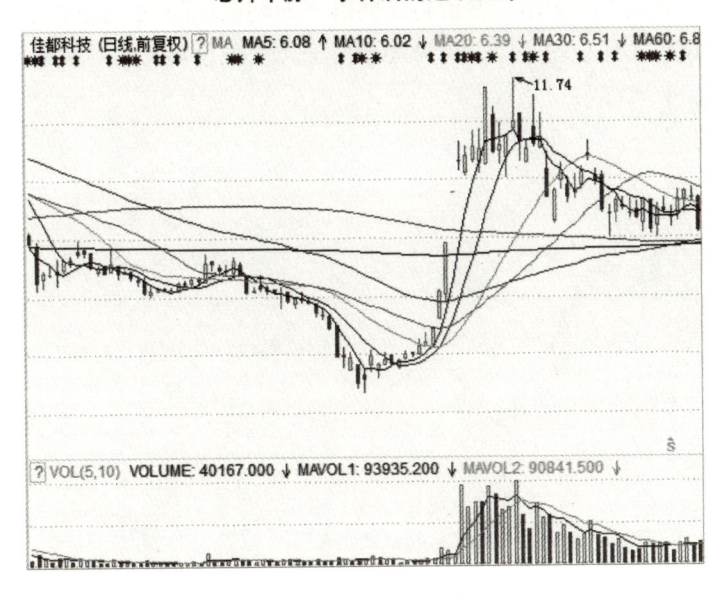

受"独角兽"突发利好刺激走出"V"底

特点：①成交量在转势点常有明显放大，随后股价回升，成交量亦随之放大；②反转当天，日K线常形成十字星、长下影或大阳线；③前期下跌幅度和后市上涨空间基本对应。

买点：①最低位探底回升稳准后，或放量大阳转势时；②V底有时会演变为延伸V形底走势，在带量向上突破右肩徘徊区，或缩量回调至右肩支撑位时介入。

（2）双底：又称W底，一般出现在长期下跌行情的末期，股价连续两次下跌至相近低点附近而形成的走势图，是常见且重要的底部反转形态，具有很高的实战意义。

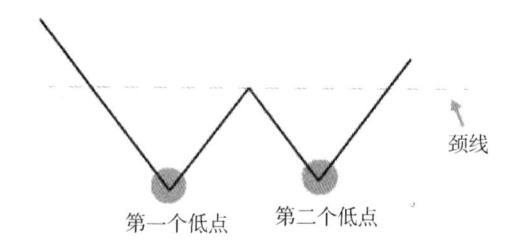

双底

成因：主要是自然趋势，股价（指数）经过连续下跌之后空方力量自然衰竭，在某一位置企稳，抄底盘推动股价上涨，反弹到一定高度后，既有获利盘止盈、又有原套牢盘止损卖出，股价再度回落至前期低点附近，这时卖方力量再次衰竭，前期低点又有心理支撑，买盘逐渐增加，使股价再次回升形成双底，中部高点价格的水平线称为"颈线"。

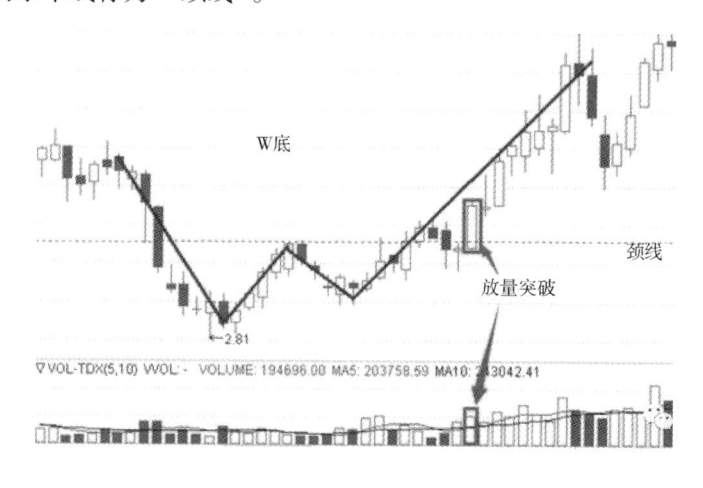

双底实例

特点：①两个底的位置左低右高或持平，第二次探底时缩量更厉害；②突破颈线位置时需要量能放大跟进，否则反转力度将大打折扣，甚至有诸多风险；③双底构筑的时间越长（一个月以上），底部越扎实，后市上涨空间越大；④突破后有两种形态：一是直接快速拉升，二是缩量回踩颈线位后再拉升。

买点：①放量突破颈线位时；②突破后缩量回踩颈线位时。

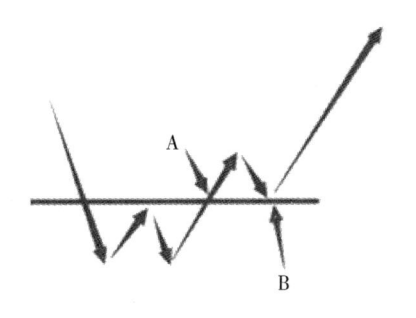

双底分析

（3）潜伏底：又称线形底，是股价（指数）经过大幅下跌后，长时期在一个狭窄的价格范围内横向整理，每日股价的振幅很小、成交量稀疏，图形就像一条矩形或带状横线，是最具爆发力、上升潜力最大的一种底部技术形态，更是孕育黑马和牛股的摇篮（横有多长，竖有多高）。

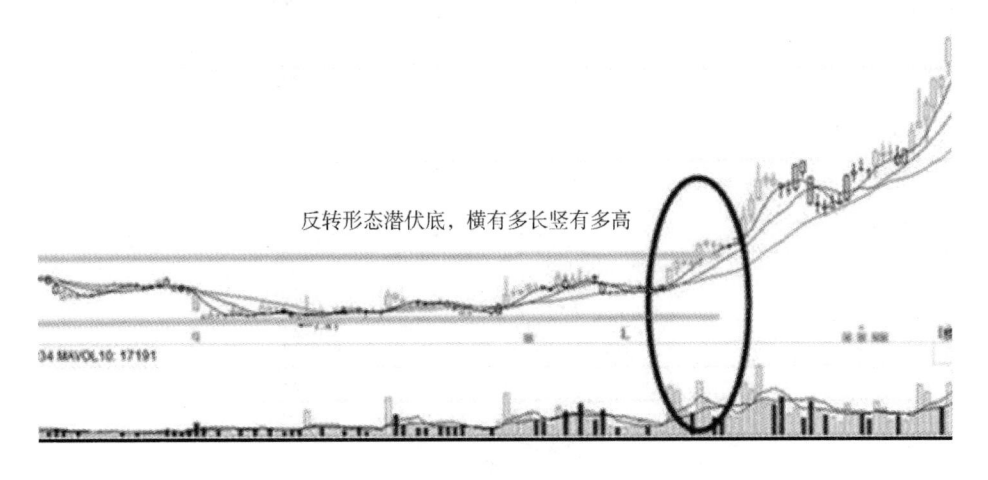

潜伏底

成因：主要是主力吸筹所致。潜伏底大多出现在市场低迷之时或冷门股上，买卖清淡使股票的供求比较平衡，股价在一个狭窄区域小幅波动。体现在基本面上，这段时期个股消息寥寥、业绩平平，不引人注意，但往往已经开始发生内在变化（业绩拐点、发展转型等），只是尚不为公众所知。大多数散户投资者忍受不了长期"折磨"，纷纷斩仓让筹，主力却趁机暗中吸纳。当大环境转好或受利好消息刺激（如盈利大增、分红送股、并购重组），成交量会逐步增大、股价上行。因磨底时间长，该走的都走了，留下的都是坚定持有者和主力，向上压力小，后续不断有买盘推动，往往走出逼空行情。

特点：①股价在10%~20%的箱体内运行，成交量稀疏，日换手率在3%以下，筹码分布逐步形成低位密集；②"潜伏"时间从几个月到几年不等，时间越长，后期涨幅越大；③向上突破时必须放量，上升途中维持较高成交量；④通常出现在交投不活跃的冷门股票中，而非热门的绩优蓝筹板块。

买点：①潜伏底末期出现堆量或上升弧形K线组合时适当介入；②放量突破潜伏底箱体上边线时；③突破后缩量回踩潜伏底上边线时。

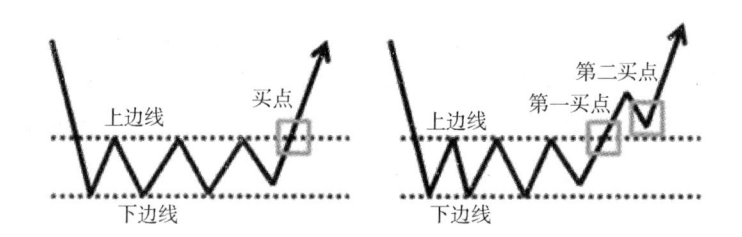

"潜伏底"形态的操作技巧

（4）圆弧底：又称锅形底，通常出现在一段下跌行情的末端，是较常见的底部盘整、反转形态。股价先是由上而下缓慢止跌，接着由下而上缓慢攀升，然后突破盘整区加速上升，整个走势就像一个圆弧形状。

圆弧底

成因：股价（指数）经过长期下跌，做空力量逐步释放、跌势趋缓。但因下跌趋势未扭转，多头也不敢贸然进兵，多空双方力量均衡，股价无法立即上涨，保持底部盘整、胶着状态。随着市场氛围好转，抄底盘不断增加，成交量温和放大，股价重心逐步上移并突破颈线压力位，形成圆弧反转形态。

特点：①股价波动幅度不大，成交量、换手率保持较低水平，成交量的柱状线常随K线图呈圆弧状，偶尔的放量多为主力吸筹所致；②圆弧的两个高点之间应有一定的时间间隔，几周到几个月不等，时间越长，后期涨幅越大；③向上突破时必须放量，常以跳空突破的形式完成；④圆弧底通常是大型投资机构的吸筹区，因炒作周期长，突破圆弧底后的涨幅也是惊人的。在上涨途中，主力还会利用旗形与楔形调整上升角度，延续涨升幅度。

买点：①左半部完成后出现小幅攀升并且成交量温和放大时可轻仓介入；②放量突破颈线位时；③突破后缩量回踩颈线位时。

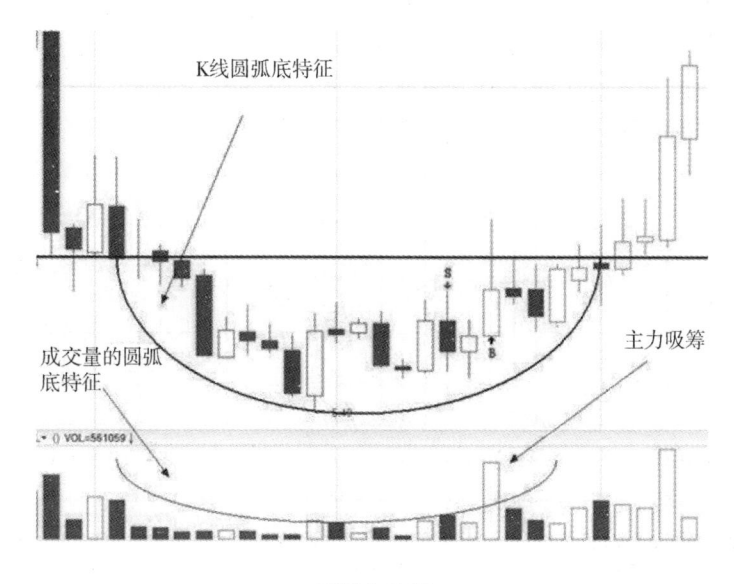

圆弧底实例

（5）头肩底：通常出现在下跌行情的末端，是一种最常见、最重要的见底反转形态，往往预示着股价（指数）阶段性止跌，后市有望反弹。标准的头肩底图形由左肩、头（底）、右肩及颈线组成。

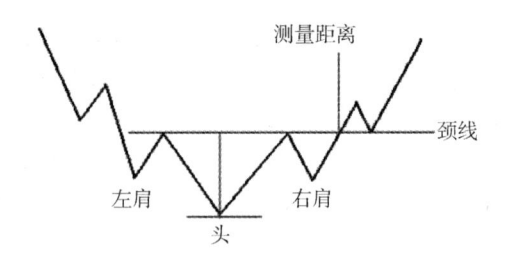

标准头肩底

在一轮大的下跌趋势末端,股价出现短暂反弹,但主动性买盘不强,成交量没有随之放大,未能突破下降趋势线,形成"左肩";接着股价再次放量下跌,创下新低,随着下跌动能完全释放,买盘增强,股价开始增量回升并突破下降趋势线,形成"头部";当股价回升到左肩的反弹高点(颈线位)附近时,出现第二次遇阻回落(成交量低于左肩和头部),在左肩低点附近企稳,形成"右肩";最后股价再次蓄势上攻,成交量显著增大,有效突破颈线位,整个形态完成。

头肩底形态的颈线不一定是平行的,可能向上或向下倾斜,有时还会出现一头多肩或多头多肩的演变形态。

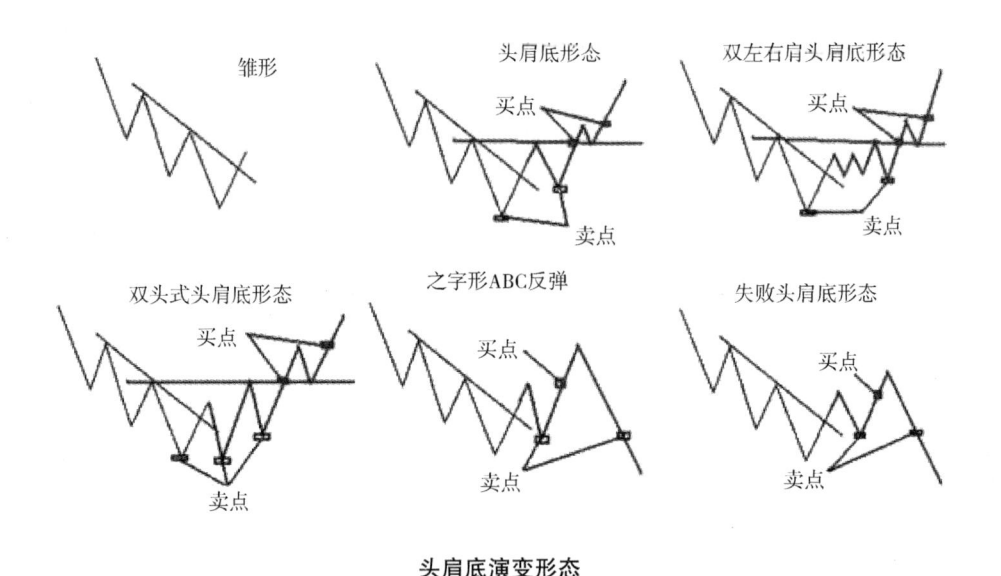

头肩底演变形态

注:图中的"卖点"为有效跌破该点位的止损位。

成因:股价长期下跌之后出现一次反弹,说明多方开始抵抗。由于初次"试探",多方不敢贸然进兵,力量并不强大,未能突破下跌趋势,加上有短线获利盘回吐压力，股价再度调整（左肩）。主力为了诱空或吸筹，打压股价创出新低（底），但很快回升，说明下跌动能已充分释放。股价回升至左肩平台附近时，前期解套压力加上短线获利抛盘，又使得空方力量增大，导致短暂回调（右肩）。第三次下跌未能达到头部低点即获支撑并回升，说明主力已初掌盘面，多方占据上风，趋势有发生逆转倾向。当颈线位被放量突破后，说明多方已控制大局，向上趋势确立。

可以看出，头肩底下跌并非股票本身有下跌需求，而是为了引发恐慌进行最后吸筹；而回到前期左肩平台时，必然有部分解套盘涌出，导致股价再次盘整。故，右肩是消化前期套牢盘和短线获利筹码，提高市场平均成本，减轻后市上涨压力。

特点：①突破颈线位时，必须有成交量配合，否则可能是假突破；②头肩底整体形态较为平坦，需较长时间完成筑底，时间越长，后市上涨空间越大；③理论最小涨幅预测：从头部最低点画一条垂直线相交于颈线，然后在右肩突破颈线的位置开始，向上量出同样的高度，即最小涨幅；④为了提高形态利用的成功率，需配合参考其他技术指标，如MACD的日线底背离是下跌动能减弱信号，右肩向上突破前，MACD回到零轴附近等。

注意：利用头肩底形态选股要把握以下几个方面：①最好选择基本面好、有长远发展前景的公司股票；②最好选择右肩略高于左肩并且有明显放量的个股；③筑"肩"的时间不应太长（两周以内），特别是右肩，时间过长，可能陷入"盘久必跌"魔咒，甚至筑底失败创出新低。

买点：①积极型在放量冲破颈线时买入（当天收盘价为准）；②稳健型在缩量回踩颈线位后再度上扬时买入；③大胆型在右肩形成中即可建仓。

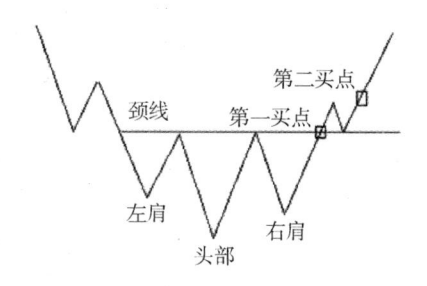

头肩底分析

2. 顶部经典技术图形

（1）尖顶：又称倒置V形，通常出现在持续上涨后的高价位区域，是一种常见且重要的迅速的顶部反转形态。尖顶通常由三个阶段组成，先是股价（指数）持续快速上扬，接着迅速造顶（3个交易日内），然后以几乎等同上涨的速度急转直下，整个走势就像倒写的字母V。

尖顶的标准与演变

成因：多为主力快速撤退所致。在股价上行阶段，主力高举高打、极少回调，营造逼空上涨的惯性思维，让"隔岸观火"的散户每日懊悔错失上车良机，随着股价迭创新高，击鼓传花的游戏达到高潮，大量散户忍不住纷纷杀入，接棒"没有最高、唯有更高"的神话，筹码得以高位换手，主力获利颇丰、边打边撤。当某日突发利好或利空消息，成交量急剧放大，主力迅速兑现，但承接力量不济，股价轰然倒塌，散户措手不及，争先恐后式出逃引发"踩踏"，导致股价快速下行。

特点：①在转势点有较大成交量和换手率，主力出逃迹象明显；②顶部尖锐，常在两三个交易日由涨转跌，甚至当日逆转，常现墓碑线、黄昏之星、乌云盖顶等K线或组合；③下跌幅度与之前上涨幅度基本相等；④有些尖顶反转图形在上升或下跌阶段会出现短暂的整理区域。

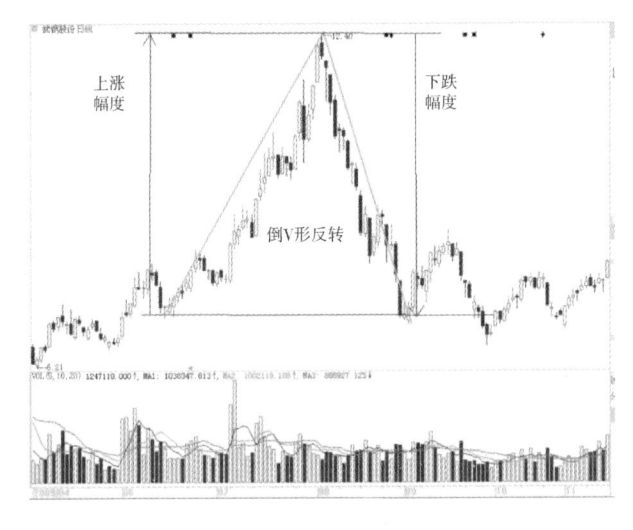

武钢股份

卖点：①放量转势之日；②上升或下跌的短暂整理时。

（2）双顶：又称 M 头，通常出现在上升趋势的末端，是股价（指数）在一段时期内连续两次上升至同等高度而形成，是一种常见且重要的高位整理或顶部反转形态。两个头部分别称为左峰、右峰，右峰一般较左峰高。中间回落形成的低点位置水平线，就是颈线。当股价再度冲高回落并跌破颈线支撑，双顶宣告形成。

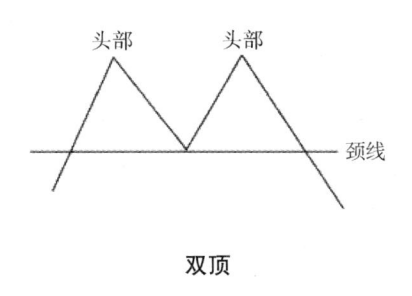

双顶

双顶形成后，股价在下跌过程中通常会有反抽，但颈线位构成强阻力：

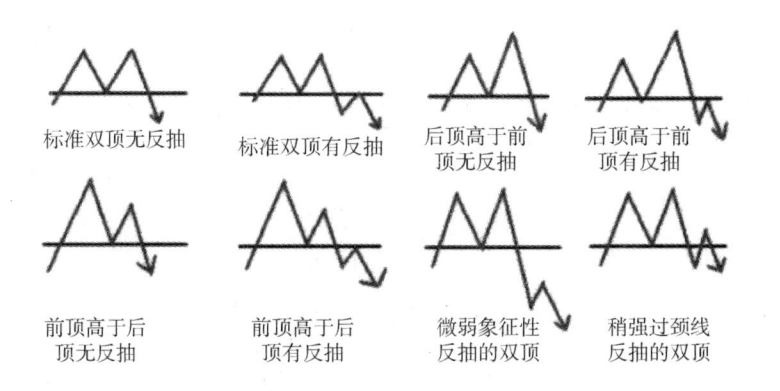

标准双顶无反抽　标准双顶有反抽　后顶高于前顶无反抽　后顶高于前顶有反抽

前顶高于后顶无反抽　前顶高于后顶有反抽　微弱象征性反抽的双顶　稍强过颈线反抽的双顶

双顶形态

成因：是技术面与心理上双重作用的结果。双顶形成之前，股价长期上涨，获利盘巨大。随着股价继续上行，部分筹码（主力）止盈出局，成交量放大，股价震荡回落。在回落过程中，错过前期上涨或继续看好后市的投资者逐步买入（也可能是主力再次少量买入，引诱跟风盘），股价再次上行，但量能较第一次萎缩（一鼓作气再而衰），当股价反弹至第一次高点附近时，畏高情绪叠加获利盘二次抛售，导致股价再度回落。若股价回落至颈线位得不到支撑反而破位，就会引发市场恐慌，导致股价大幅下行，形成双顶。

特点：①通常，右峰较左峰的量能低、位置稍高，但如果右峰高于左峰

3%，或成交量比左峰更大，将会吸引更多资金入场，双顶可能演变为上升途中的调整；②双顶不一定都是顶部反转信号，若长时间没有向下跌破颈线位，有可能演变为整理形态；③双顶到颈线位的距离大概是10%～20%；④双顶形态的最少跌幅大约是颈线到双顶最高点之间的垂直距离。

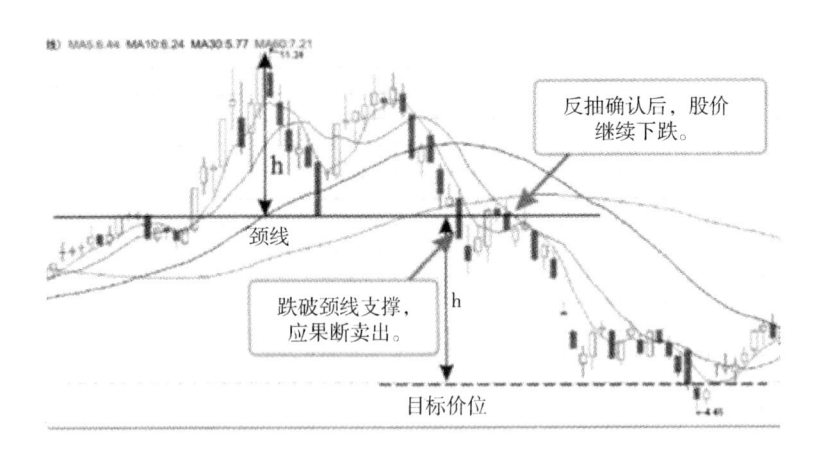

双顶实例

卖点：①右顶转折处；②跌破颈线时；③回抽颈线位遇阻时。

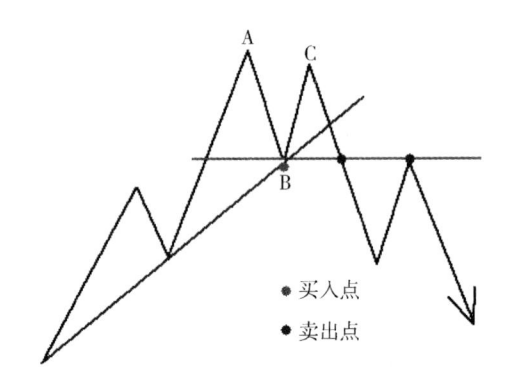

M头形态及其买卖点位

（3）圆弧顶：又称锅顶，通常出现在上涨末期或下跌中途，是一种不常见但杀伤力巨大的反转形态。该形态中，股价先呈弧形上升，虽然顶部不断抬高，但每次都是微升即回落，当股价艰难"爬"到一个最高点后几转为弧形下跌，每次下跌也有反弹，但反弹高点又低于前点，把弧形上升和下跌阶段的所有高点相连，就形成一个弧形顶状结构。

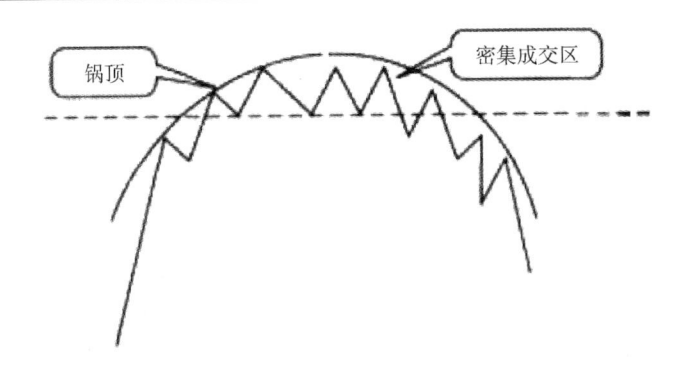

圆弧顶

成因：圆弧顶不同于尖顶、双顶等剧烈反转形态，它通常是市场渐进的结果。市场在经过一段买方力量强于卖方力量的上涨后，买方趋弱、卖方渐强、终至平衡（最高点），随着卖方力量进一步增强并超过买方，股价就开始慢慢回落。如果经过反复拉锯买方仍无法扭转颓势，下跌趋势将会得到强化，一泻千里。

特点：①形成的时间周期比较长（2~6个月）；②成交量没有明显特征，以V形、圆形居多；③顶点位置一般会出现MACD、KDJ等技术指标的顶背离；④通常发生在绩优股或大盘蓝筹股上，其股东多为长期投资的机构大户，撤出缓慢，股价在顶部很难出现急速反转走势；⑤见顶后跌幅没有明确量度，但一般不会小于其涨幅的50%，通常会跌至前期起点附近。

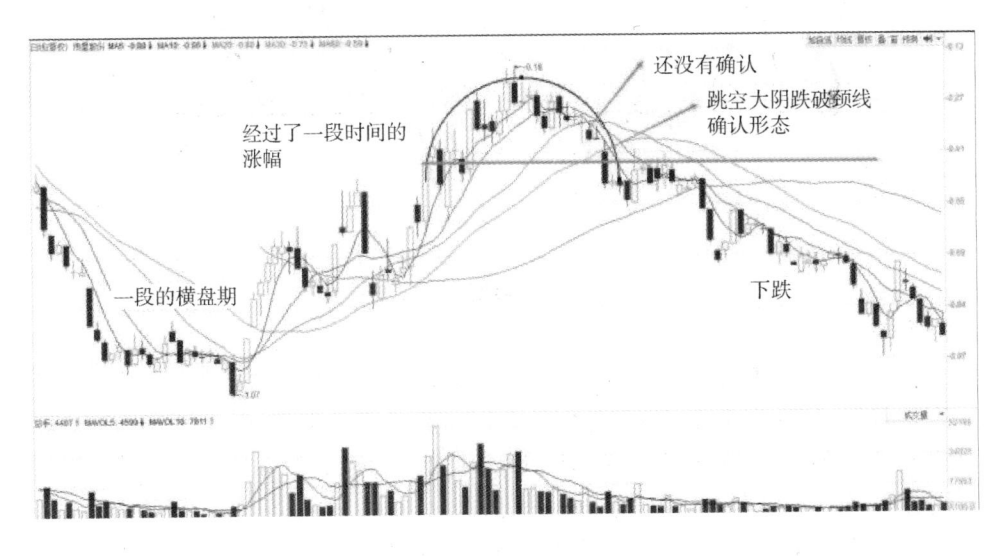

圆弧顶实例

卖点：①跌破上升趋势线时；②顶点位置出现技术背离时；③跌破颈线时；④回抽颈线位遇阻时。

圆弧顶分析

（4）头肩顶：通常出现在上涨行情的末端，是一种最常见、最重要、杀伤力极强的顶部反转形态，往往预示着股价（指数）阶段性见顶，后市可能转跌。标准的头肩顶图形由左肩、头（顶）、右肩及颈线组成：

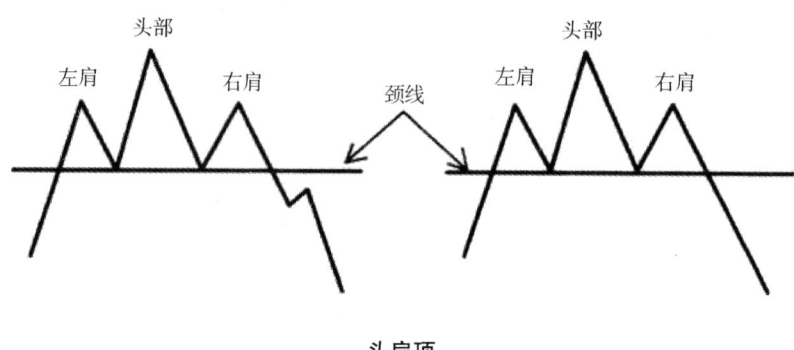

头肩顶

在一轮上升趋势末端，股价显现疲态开始回调，但没有跌破上升趋势线，形成"左肩"；接着股价再次上攻并创下新高，形成"头部"；股价冲高回落后在左肩低点（颈线位）附近企稳，随后展开第三次缩量反弹，形成"右肩"；最后股价开始下行并跌破颈线位，整个形态完成。

头肩顶形态的颈线也不一定是平行的，可以向上或向下倾斜，有时还会出现一头多肩的演变形态：

标准头肩顶　　　标准头肩顶　　　两个左肩
无回抽　　　　　有回抽　　　　　的头肩顶

两个右肩　　　　颈线上斜　　　　颈线下斜
的头肩顶　　　　的头肩顶　　　　的头肩顶

头肩顶形态

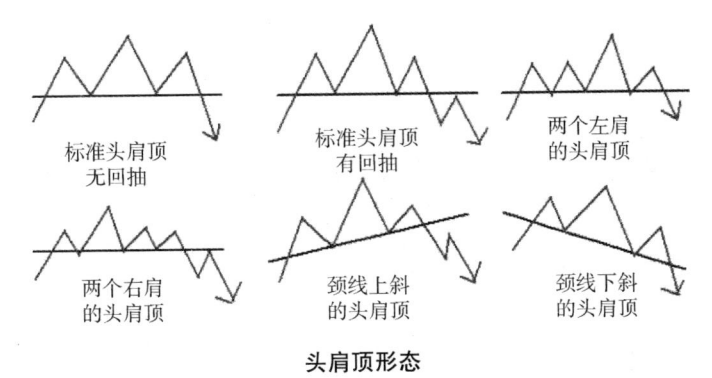

成因：与双顶类似，头肩顶形态也是技术面与心理上双重作用的结果。在头肩顶形成过程中成交量递减，左肩最大、头部次之、右肩最小，说明追涨力量越来越弱，"一鼓作气、再而衰、三而竭"，技术上的获利回吐和心理上的恐高怕跌共同作用，最终导致多空换位、由涨转跌。

特点：①头肩顶杀伤力的大小与形成时间长短成正比，形成时间越长、杀伤力越大；②头—肩—顶的成交量递减，左肩最大、头部次之、右肩最小；③跌破颈线位时，成交量不必放大，成交量若放大，后期跌幅更大；④头肩顶形态可能会失败，但未"完工"的头肩顶形态也反映了真正的反转为期不远；⑤最少跌幅大约是颈线到头部最高点之间的垂直距离。

卖点：①顶点位置出现技术背离时；②跌破颈线时；③回抽颈线位遇阻时。

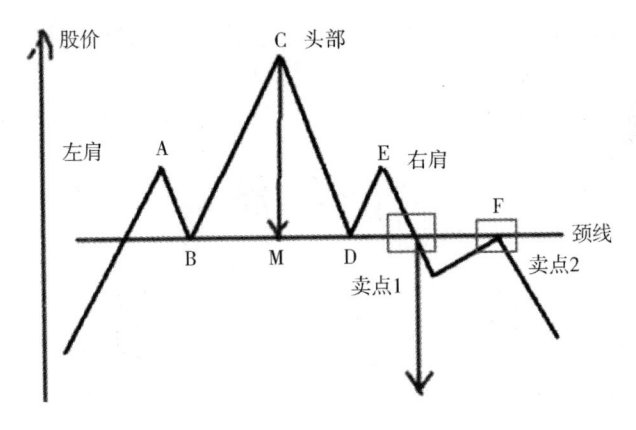

头肩顶分析

3. 其他经典技术图形

除了底部、顶部经典技术图形，还有很多中继图形，如上升或下跌三角、矩形、旗形等：

其他经典技术图形

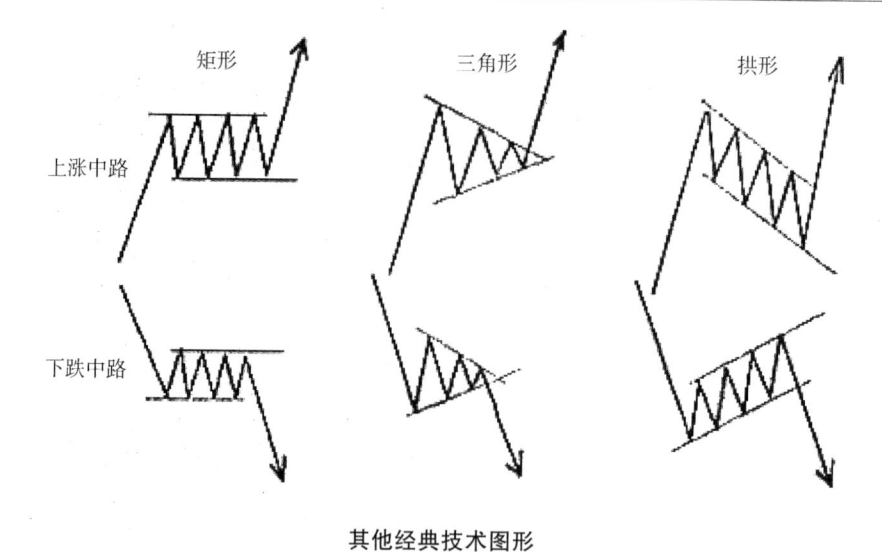

这些图形可能出现在上升趋势中，也可能出现在下降趋势中，多为整理形态，宜观望为主。但当股价突破或跌破整理趋势线时，应及时跟进或离场。

为了实战需要，我们再介绍几种常见的经典技术图形：

（1）岛形反转：主要有高位和低位两种，是股票形态学中一个重要的中短期趋势反转信号，其后面的走势往往会向相反的方向发展。我们以高位岛形反转为例进行解析：

高位岛形反转通常出现在一段持续上涨之后，某日股价（指数）突然以跳空高开的方式加速上涨，但随后却在高位徘徊，某日又突然以跳空低开的方式向下破位，两个缺口几乎在同一水平价位，高位的K线看起来就像是远离海岸的孤岛。

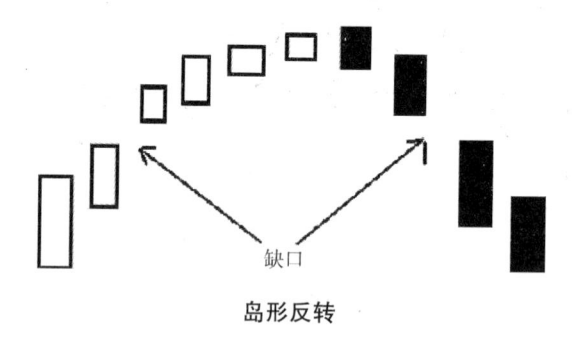

岛形反转

成因：趋势力量和心理作用双重影响的结果，并常有消息面的配合。第一个缺口之前股价持续上涨，积累了向上的惯性力量，也积累了踏空者的难受心理。某日受利好消息刺激或主力做盘，股价突然跳空高开，踏空者终于忍不住而不计成本抢入。但随后几日出现放量滞涨横盘，说明暗中有巨大抛盘，多为主力高位套现、借机出逃。几经拉锯，终因买盘不济转向下跌，高位下跌容易引发市场恐慌，套牢筹码不计成本出逃，造成向下的崩溃性缺口，从而形成岛形反转。

特点：①缺口的形成常有消息面的刺激，市场情绪化特征明显；②"孤岛"部位相对平坦，成交量偏大，岛的两侧相对陡峭，成交量偏低；③"孤岛"部位经历时间越长、成交量越大，后市反转效果越明显。

卖点：①跌破上升趋势线时；②第二个缺口发生时。

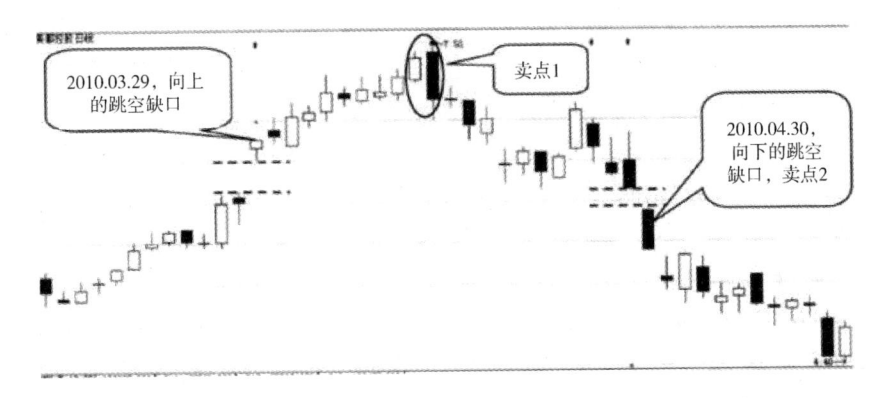

岛形反转实例

（2）老鸭头：是融庄家建仓、洗盘、拉升于一体的经典技术形态，它是以5日、10日、60日均线为要素，由颈部、头部、嘴部、鼻孔四个主要部位构成的形似鸭头的K线形态。

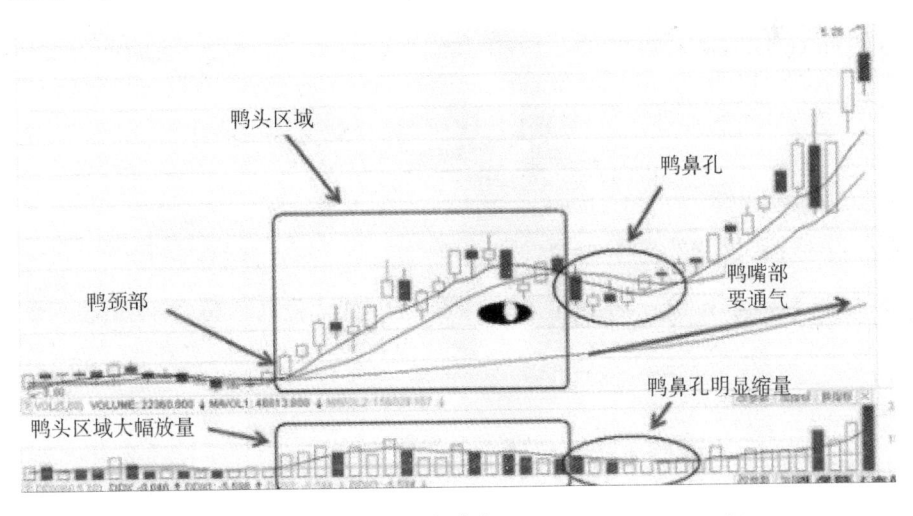

老鸭头

如图所示，股价在低位长期横盘后，5日、10日、60日均线逐渐黏合。某日，5日（上）、10日（中）线突然放量上穿60日（下）线后，形成鸭颈部。随着股价逐步上行，三条均线开始发散，形成鸭的头部。随后股价阶段性冲高回落5日线下穿10日线形成鸭鼻孔，回落的最低点不到60日线，不久即开始反弹，5日线再次上穿10日线，随后大幅拉升，形成鸭嘴部。

成因：多为主力控盘所致。在鸭颈部之前的缩量横盘是主力的暗中吸筹阶段，股价缓慢上升，当5日、10日均线放量（最好2倍以上）上穿60日平均线时，主力开始加速收集筹码，股价快速上升（均线发散、变陡），形成鸭颈部、头部。然后主力开始利用手中筹码打压洗盘，5日线下穿10日线形成鸭鼻孔，这一阶段成交量缩量明显，好像"芝麻点"，主要是散户离场、主力再次吸筹。当筹码充足、主力完全控盘后，股价开始再次放量拉升（量能一般稍低于头颈部），快速脱离成本区，形成鸭嘴，这一阶段也是股价涨得最快的时候。

特点：①在头、鼻、嘴形成过程中，一定要在60日线上方，越远说明"透气性"越好，后期涨幅越大；②成交量经历由小变大、再由大变小，最后再变大的过程，一般头颈部最大、嘴部次之、鼻部最小；③在鸭嘴部要形成"三张嘴"，即成交量、MACD、日K线都要向上张开；④自颈部算起，老鸭头形态的理论涨幅在50%以上，鸭嘴张口越大，后期涨幅越大；⑤鸭鼻子回调形成的底部一定要高于前期上涨的启动点，回调幅度越少越好，成交量越小越好。

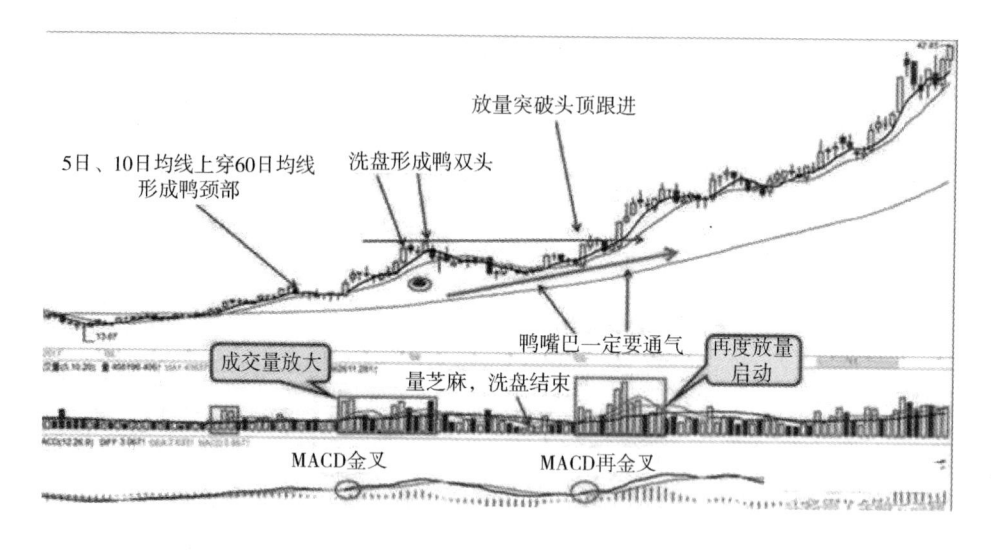

老鸭头的MACD

买点：①5日、10日线放量上穿60日线形成鸭颈部时；②在鸭鼻部附近成交量芝麻点一带逢低买入；③在鸭嘴部放量冲过鸭头顶瞬间买入。

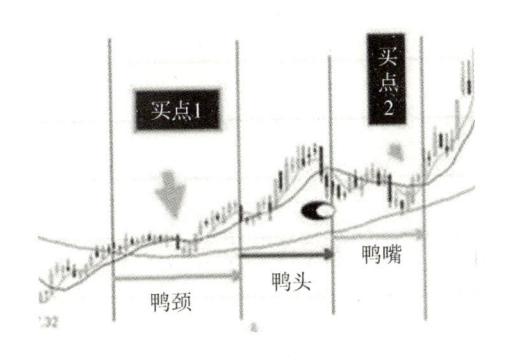

老鸭头分析

（3）倒拔杨柳：是一种主力在短期内剧烈洗盘、快速吸筹的经典技术形态，通常出现在相对低位、主力成本区附近的重要阻力位。某日股价以"大幅高开、巨量收阴"的方式突破前期盘整区，无上影或无下影，K线犹如一棵连根拔起的杨柳枝。

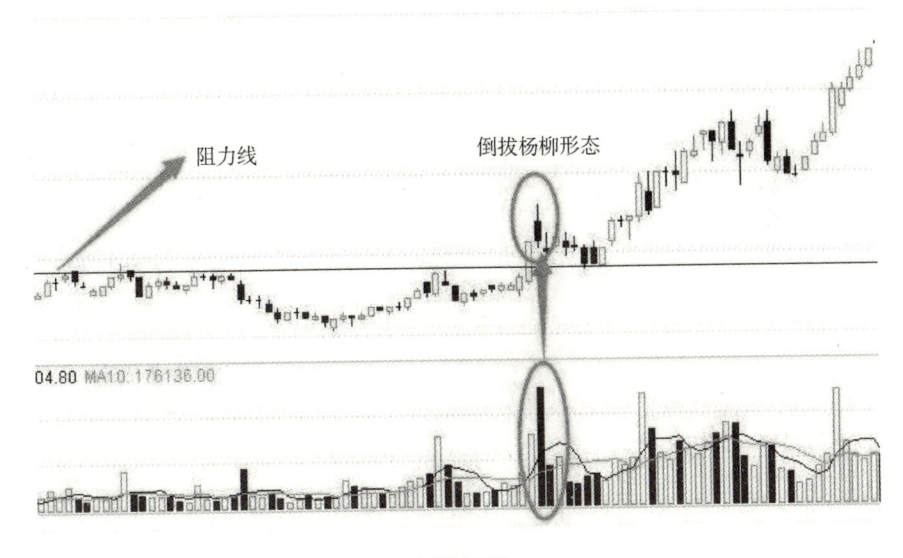

倒拔杨柳

成因：多为主力在短时间内建仓吸筹或洗盘所致。这种走势通常出现在强势市场中、长期滞涨或涨幅落后于大盘的股票，当个股突发潜在利好或主力见大市好转有意炒作该股时，用一般方法建仓耗时较长，故采用"突然拉高、顺势下滑、佯装出货"的手法，引诱散户抛出股票，暗地里却大笔买入，为后续拉升做准备。因这种高开低走的巨量阴线并不是拉高出货，形态上有鲁智深倒拔杨柳之势，故其后必有大行情。

特点：①通常出现在中、低价位的盘整后期，前面最好没有涨停，否则可能变成拉高出货；②5日、10日、20日、60日线多头发散，其后5天内不有效跌破10日均线；③高开低走、收巨量阴线，但股价依然上涨，并留有缺口，次日量能不能大幅萎缩；④换手率不能太高，通常低于10%。

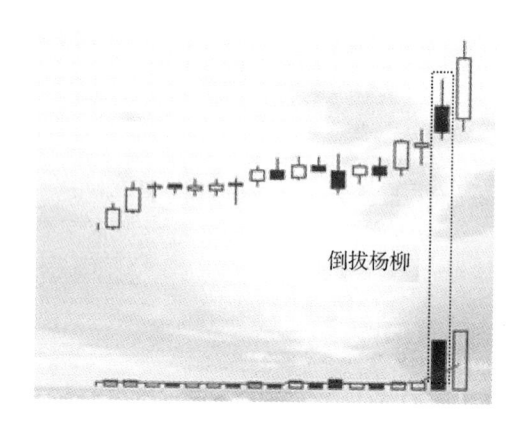

倒拔杨柳形态

买点：①缩量回踩前期阻力位时；②放量突破"倒拔杨柳"开盘价时；③回踩"倒拔杨柳"开盘价时。

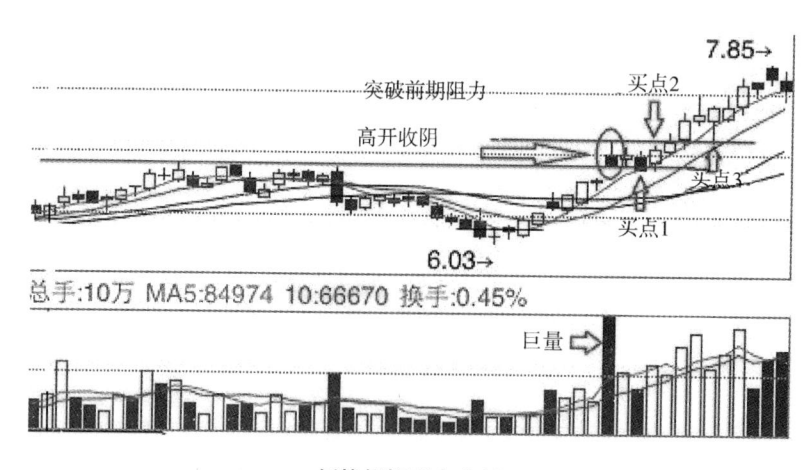

倒拔杨柳形态分析

以上经典技术图形或为市场趋势所致，或为主力做盘而成，无论何因，都必将遵循一定的规律、延续一定的后期走势，这既是市场经验的总结，也是市场规律的必然。对于我们散户来说，既要大胆借鉴运用，又要善于鉴别分析。对于形成时间较短的K线及其组合，多用于短线投资；对于形成时间较长的技术图形，多用于长线投资。正所谓："路遥知主力，日久见图心"！

买入一只股票的三个理由

买股票需要理由吗？需要，什么理由？赚钱！这是凭心听到的最率真的理由。没错，赚钱是我们进行股票投资最基本、最重要的现实理由，也是我们大多数人的初衷和动力。但凭心这里讲的理由是：你为什么买入这只股票？

常有朋友拿着买的股票让凭心看看（大多数情况是深套的），他一般会问：你为什么买入这只股票？回答多半是：

（1）听到的，很多新股民买股喜欢听身边的老股民或高手的。

（2）看到的，有一点基础或有时间看盘的喜欢追逐市场热点。

（3）想到的，勤于思考的老股民常根据市场和经验自行布局。

我们不能说哪一种方法绝对好，另一种就绝对不行。不同的阶段、不同的人适合不同的方法。当然，如果能多听、多看、多想，再勤加练习、总结，提炼出适合自己的稳定盈利的方法，那就是最好的方法！

凭心经过多年的实战和思考，也总结了一套方法、三个理由：天时、地利、人和。前面讲《常用技术指标》时，我们将"MACD、筹码分布、成交量"比作天时、地利、人和，那是战术层面的运用，而这里讲的天时、地利、人和，是战略上的布局。

一、天时

何为天时？对股票交易来说，就是大到整个市场环境，小到一个行业发展、公司经营对应的买入良机。众所周知，事业的成败，天时居于首位。改革开放初期的"摆地摊"、20世纪90年代的"煤老板"、21世纪的"房地产"、近十年的"互联网"都造就了一批时代富甲，他们成功的首要因素就是顺天道、识时务。可见，选择行业要看天时，买股同样要看天时。

那么，买股应该选择怎样的天时呢？

1. 择大市稳定之时（长线）

稳定是前提。"倾巢之下，焉有完卵"，这句话在资本市场尤为重要。有人可能会说："我是做价值投资的，买入茅台、云药等绩优股长期持有就是"。真的是这样吗？诚然，早期买入且坚定持有的投资者现已赚得盆满钵满，也躲过了2016～2017年的熊市浩劫，让其他持有中小创的散户们心生羡慕、纷纷倒戈，把白马变成了疯马。但物极必反，在经济内外交困、资金捉襟见肘的2018年，还有谁能护送白马继续高飞？一个天上、一个地下，巨大的利差终于引发资金出逃、流向洼地，白马破位下行，成为2018年下半年跌幅最大的一个板块。

云南白药

所以，无论白马黑马，大市不稳，都要下马！即使做长线投资，也有成本高低之分，有更好更低的买点，为何要选高点？成本越低，底气越足、获利越多，岂不更好？

还有人可能会说："我是炒短线的，赚了就走"。真的能做到吗？诚然，极少数高手确能刀尖舔血，但常在河边走，哪有不湿鞋？散户更是后知后觉，常常高位站岗。如下图所示，2018年初的"独角兽"题材鹤立鸡群，受到了市场热捧，早早潜伏的确实收益不菲，但接盘的散户只剩下心惊肉跳、满嘴鸡毛。

"独角兽"疯狂过后创下新低

所以，无论长线短线，大市不稳，都是毛线！在恶劣的大环境中，没有交易就没有伤害。"长线持有不动、短线追击热点"都不如"休养生息、静待黎明"。

那何时又算"大市稳定"呢？当然，最好是在相对低位。此外还有三个要素：市场资金充裕、政策支持牛市、实体运转良好。以 2009 年为例，2008 年牛市崩盘后，大市是如何企稳反弹的呢？一是资金面宽松，全球量化放水；二是政策面支持，暂停 IPO 维稳；三是实体面恢复，出台"四万亿"振兴。指数低位加上三大要素共振，催生了 2009 年的翻倍行情。再回忆下 2014 年下半年至 2015 年上半年：一是资金上融资配资盛行，二是政策上推出沪港通深港通，三是实体上"万众创新大众创业"，同样催生了一波疯牛行情，很多创业板个股涨幅高达 10 倍！

可见，资本市场的赢家，一定是"顺大势、择良时"的行家，是"日出而作、日落而息"的专家；成功者的利润，90% 是在牛市中取得的！

2. 择行业向好之时（中线）

行业是重点。隔行如隔山，无论熊市牛市，选择的行业板块不同，结果可能是天壤之别。但泱泱 A 股数千公司、数十行业，如何选择？逐一研究能力有限，但大体把握尚可为之。

如果我们将行业简单分为生产类和服务类，生产类如五金机电、玻璃水泥、农林牧渔、化工药酒等，服务类如衣食住行、游戏娱乐、文化传媒、网络信息等。那我们也可以概括下它们对应的股票特点：生产类周期明显、波动较大、攻击性强，利于操作；服务类市场稳定、利润较大、成长性强，便于持股。

如何捕捉行业向好的信号呢？最重要的是把握好行业发展的三个特性：周期性、传导性和关联性。

周期性不用赘述，特别是大宗商品（有色石油化工为著），随经济周期（繁荣—衰退—萧条—复苏）呈现出一定的景气循环。买卖此类股票需密切关注国内国际经济发展状况，紧盯相关品种波动，在复苏时介入、衰退前退出。

下面三张图分别是2018年1~11月的上证指数、原油期货、杰瑞股份（油气板块个股）的K线图。很明显，2018年初上证指数见顶以后一路下滑，而杰瑞股份却随原油期货震荡盘升，走出独立行情。

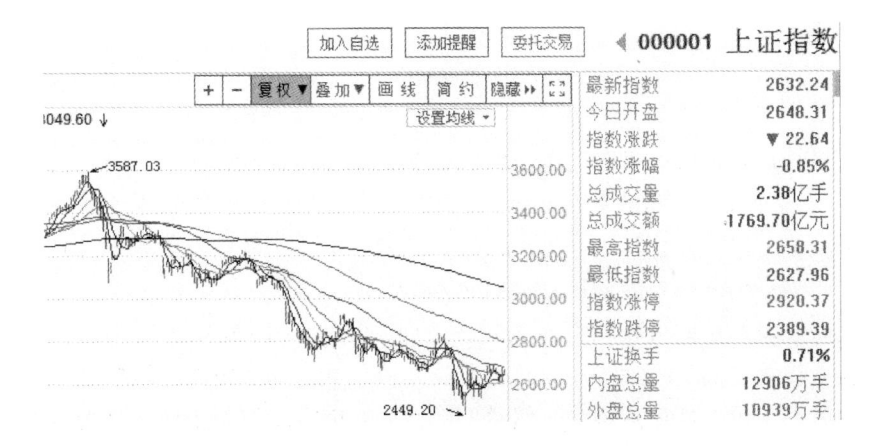

上证指数

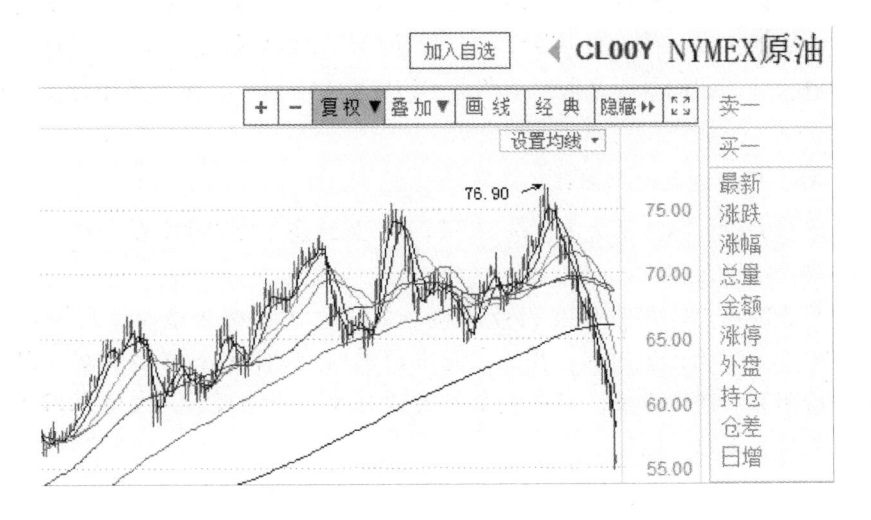

NYMEX原油

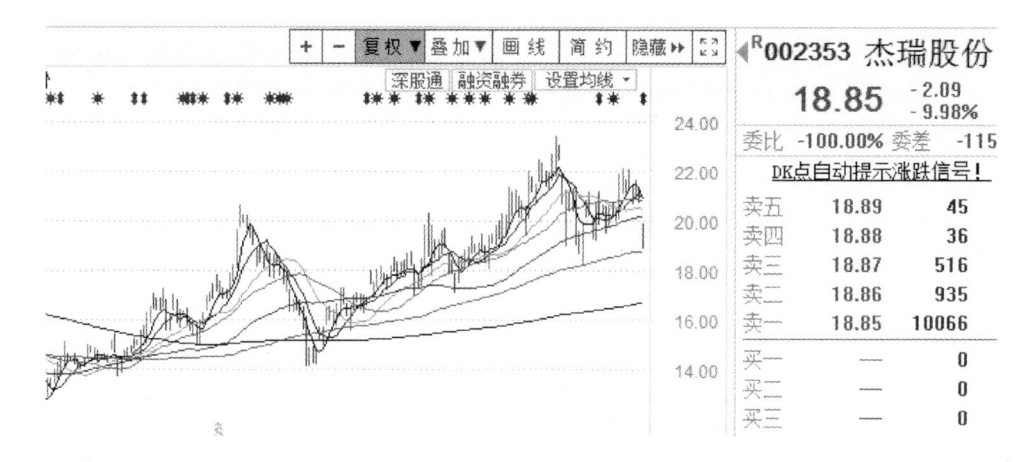

杰瑞股份

传导性也好理解，上游传到下游（原燃料涨价引起终端产品涨价）、国外传到国内（国外大企业紧缺货引发国内厂商涨价）、龙头企业传到整个行业（茅台涨价带动整个白酒板块）……不胜枚举，关键要嗅觉灵敏、行动果断，特别要多听新闻、多看信息，及时分析、提前介入！

关联性包括正向关联和负向关联，正向关联如2018年中美贸易战，首先点燃了农业板块（特别是大豆）、激起芯片自强，再拓展到内需基建，层层递进。负向关联如油价上涨造成燃油车销量下降，而新能源车销量上升；环境变好，环保板块走差，环境变差，环保板块走好。

十年河东转河西！从长线来说，选择正确的时机很重要，但选择正确的行业更重要。总的来说，传统行业易掌握、故受众广；新兴行业起步难，但前景大。在行业选择上，我们既要把握好周期性、传导性和关联性，更要运用好创新思维和逆向思维，才能赢得主动、占得先机。

3. 择个股拐点之时（短线）

个股是关键。瞄准了大市、选对了行业，最终还是要以个股论英雄，而个股择时，最佳之处在拐点：

一是业绩拐点。多发生在行业政策利好、公司重组转型时。政策利好如2016～2017年针对产能过剩，我国大力推行供给侧结构性改革，煤炭、钢铁等行业受益明显、逆势上涨。其中炭素龙头"方大"业绩反转，大增5267.65%，一个月股价上涨超6倍！

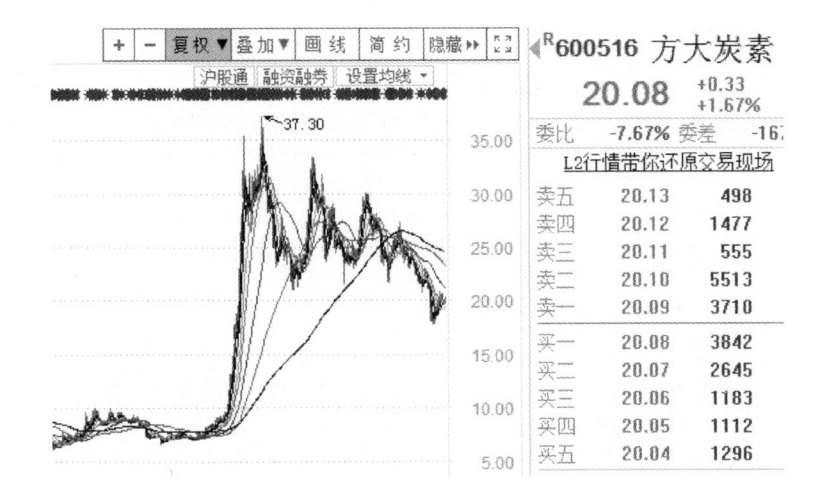

政策利好选龙头

重组转型如2018年亚夏汽车被中公教育借壳上市，"一夜乌鸡变凤凰"，股价也水涨船高，短期涨幅近5倍！

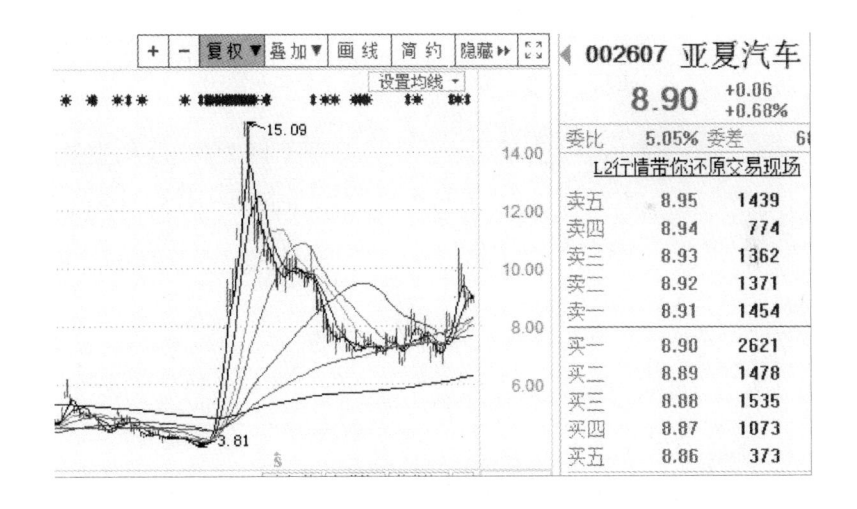

重组转型选小盘

无论是政策利好，还是重组转型，都有一个"预期—实施—磨合—兑现"的过程。长线的买入时机最好是在"预期"介入，短线可在"磨合"回调时介入，"兑现"期出货。

二是情绪拐点。多发生在突发利空事件平息之后。如2018年7月的"长生疫苗造假"累及整个板块，平均跌幅超30%。国家大力整顿疫苗行业，于11月出台首部《疫苗管理法》，规范行业生产，这对其他守法经营的企业构成长期利好，很多受连累的个股走出了"V"形反弹。类似的还有2008年的"三聚氰胺牛奶"、2012年的"塑化剂白酒"。

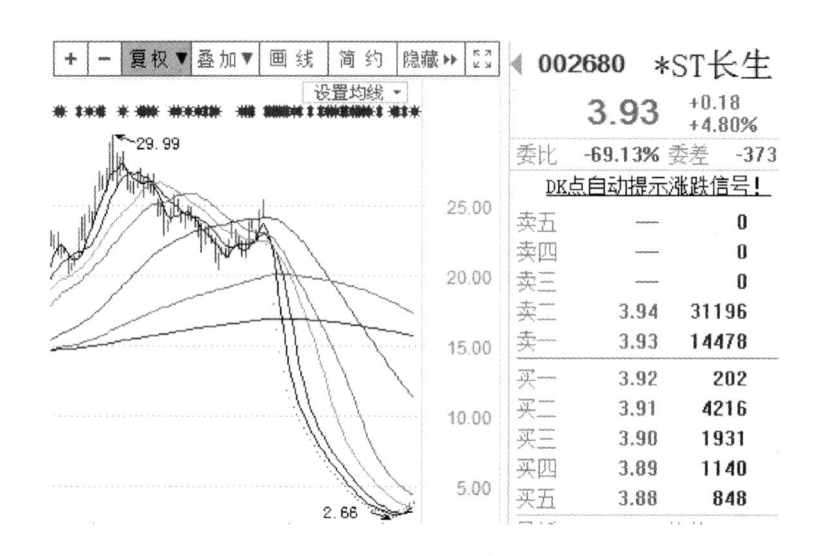

主角"长生"从30元连续跌停至2.6元

"无辜"企业V形反转

三是技术拐点。多发生在冷门股身上。这些股非市场热点，或被资金唾弃，或受趋势压制，阴跌不止。但物极必反，当利空因素、做空力量释放完毕，稍有资金关注或利好推动，便会峰回路转、扶摇直上。如 2016～2017 年市场推崇价值投资，业绩低迷的恒立实业持续下跌达 90%（如无退市风险，已属极致）。2018 年底，国家为解决民企股权质押危机，松绑并购重组，低价低位的小盘股恒立受到资金热捧，成交量暴增 10 倍、股价暴涨 5 倍！捕捉这种拐点，既要能敏锐把握政策消息的变化，又要熟练掌握底部放量、V 形 W 形反转等技术要领。

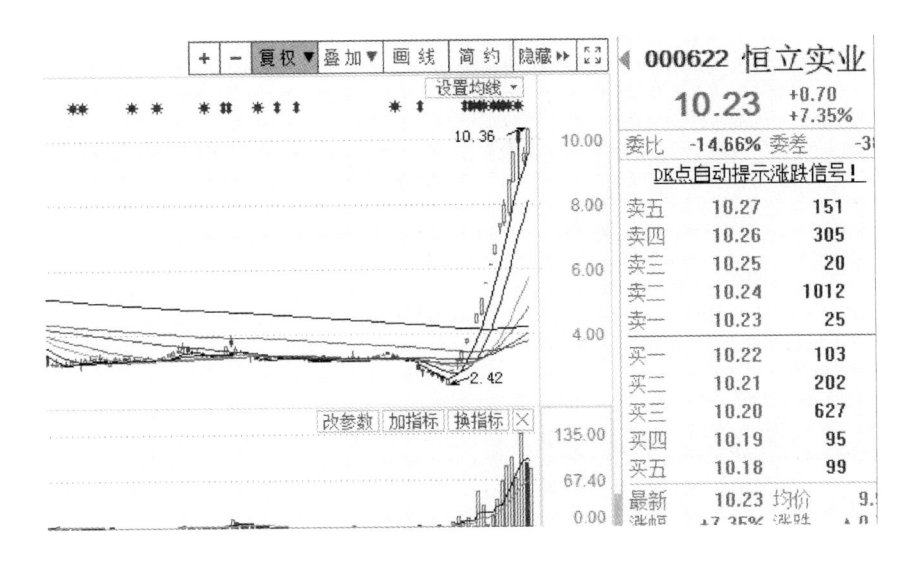

跌透的壳股 V 形反转

综上所述，对买入时机来说：大市稳定是前提，行业向好是重点，个股拐点是关键。对持有时间来说：大市稳定对应的是长线，可看 1 年以上；行业向好对应的是中线，可看 3～12 个月；个股拐点对应的是中短线，可看 3 个月左右。

二、地利

何为地利？如果说"天时"是买入一只股票的最佳时机，那"地利"就是买入一只股票的最佳位置。什么位置最佳？

1. 质坚位低最佳（长线）

价位低，当然好，但不是一味的、盲目的低，不然就会像香港的仙股，遍地白菜（几毛钱一股）却无人问津。"位低"得有一个前提保障：质坚！也就是价值，用一个指标来衡量，就是"每股净资产及收益"。同样的股价，每股净资产及收益越高，价值越高、质地越坚硬。俗话说，涨时看势、跌时看质。牛市要涨看的是气势（热点），熊市抗跌看的是质地（价值）。股票涨多了会跌、跌多了会涨，这是价值规律的体现，而"每股净资产及收益"又是价值的核心！

```
净资产    81.49    ROE      24.93%
收益(三)  19.689   PE(动)   21.33
总股本    12.6亿   总值     7035亿
流通股    12.6亿   流值     7035亿
```

560元的股王"茅台"的净资产、每股收益和市盈率

所以，从长线来说，选股看"地利"首看价位和价值，相对价位低、净资产收益高是第一安全壁垒。

此外，我们还用市盈率（股票价格除以每股收益的比率）来评估股价水平是否合理。市盈率越低，估值越低、投资价值越高、位置越好。历史上，我们还常用市盈率来判断大盘是否见底、见顶。

A股（上证）历次大底、大顶对应的平均市盈率

时间	1992.11	1993.02	1996.01	1997.05	2005.06	2007.10	2013.06	2015.06
指数	386	1558	215	1510	998	6124	1849	5178
性质	底部	顶部	底部	顶部	底部	顶部	底部	顶部
市盈率	20	65	22	50	28	78	26	126

可见，上证的历次大底对应的平均市盈率都在20倍左右，也可以说是整个大盘的"质坚"区域。

当然，我们不能一味地追求高净资产、低市盈率，对于轻资产的高成长型企业（如网络信息），可以适当提高估值，他们在经济景气的牛市氛围中往往表现得更好，而重资产的低成长型企业在熊市里表现得相对抗跌。

2. 趋势向上最佳（中线）

趋势，是一种不以人的意志为转移的强大力量，它有规律、有惯性，一旦形成、必将延续，若想扭转、必须强力！

下图是2005～2009年的上证指数图，2005年8月～2007年10月是波澜壮阔的多头行情；2007 年 11 月～2008 年 11 月是飞流直下的空头行情……每一次趋势形成，持续时间短则数月、长则数年；每一次趋势扭转，都有政策、资金强力推动。顺势而为，事半功倍；逆势而动，劳民伤财。

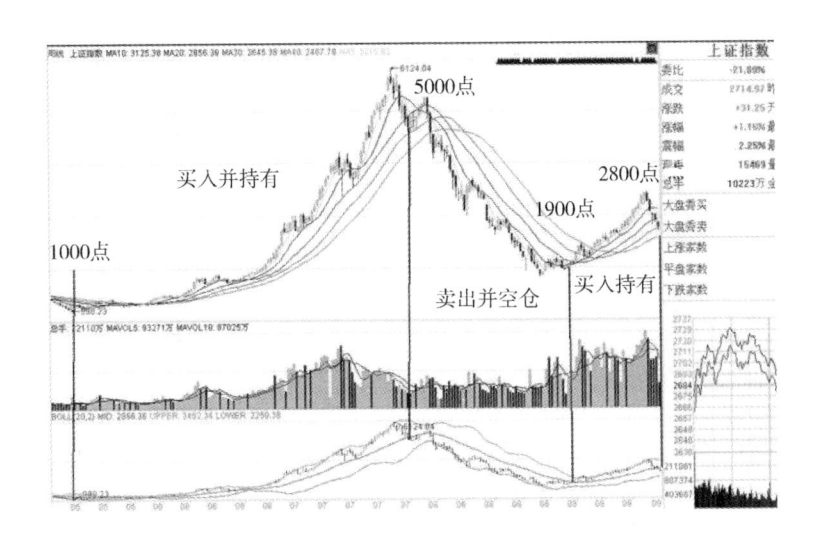

2005～2009 年的上证指数

如何把握向上趋势？

一要吃准，不见兔子不撒鹰！老股民都知道：没有最低、只有更低。股价的最低点是可遇不可求的，稳健的做法不是抄在最低点，而是底部确认后的次低点、支撑位（右侧交易法）。可以由少到多、逐步加仓，一旦不对立马纠正，直到从政策面（支持）、资金面（宽松）、技术面（底背离、上穿）、成交量（2 倍以上）多方确认为止。

二要吃饱，一旦确认趋势向上，就让子弹飞一会！是大趋势就重仓飞久点，小趋势就轻仓飞短点，努力克服散户心态："涨起来心慌、跌起来死抗"。要"能屈能伸"，趋势向上放开手，趋势向下收住手。

以月计的中短期趋势，从"5 日、10 日、20 日线上穿 60 日线呈多头排列"起，到"股价跌破 20 日线"止；以年计的长期趋势，从"120 日（半年线）上穿 250 日（年线）呈多头排列"起，到"股价跌破 60 日线"止。

3. 筹码密集最佳

论战，攻需利刃、防需固垒；论股，上破阻力、下求支撑。站在筹码分布的角度，什么"地形"最有利？

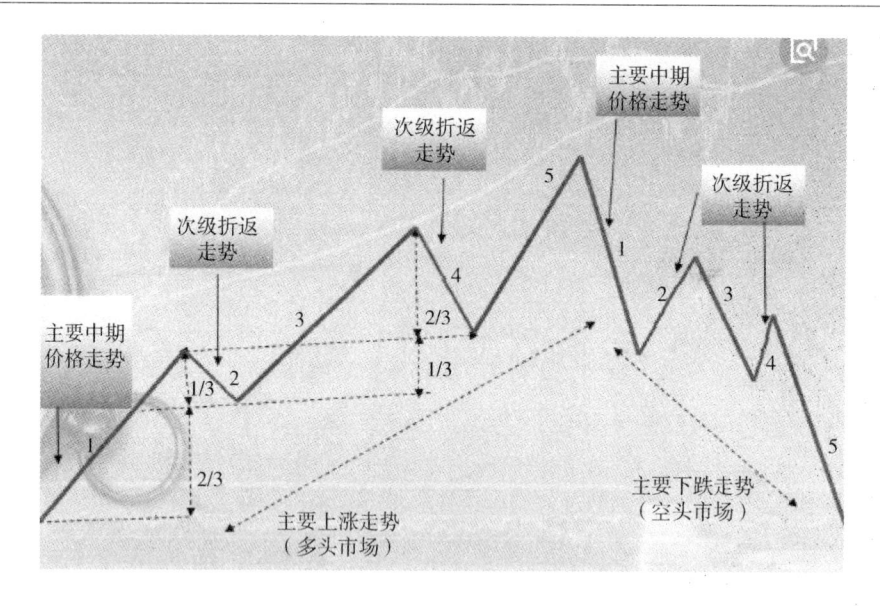

主要趋势的中级循环

当然是：低位单峰密集，向上如入无人之境，向下如遇铜墙铁壁。如下图所示，经过长期大幅下跌，套牢的高位筹码逐渐割肉离场，上峰消失（阻力小）；买入的底部筹码逐渐增多，形成低位单峰密集（支撑大）。一旦有消息刺激或成交配合，股价就会打开向上空间、摧城拔寨，即使偶现卖盘，也会受到下方密集筹码的阻击，实现迂回前进。

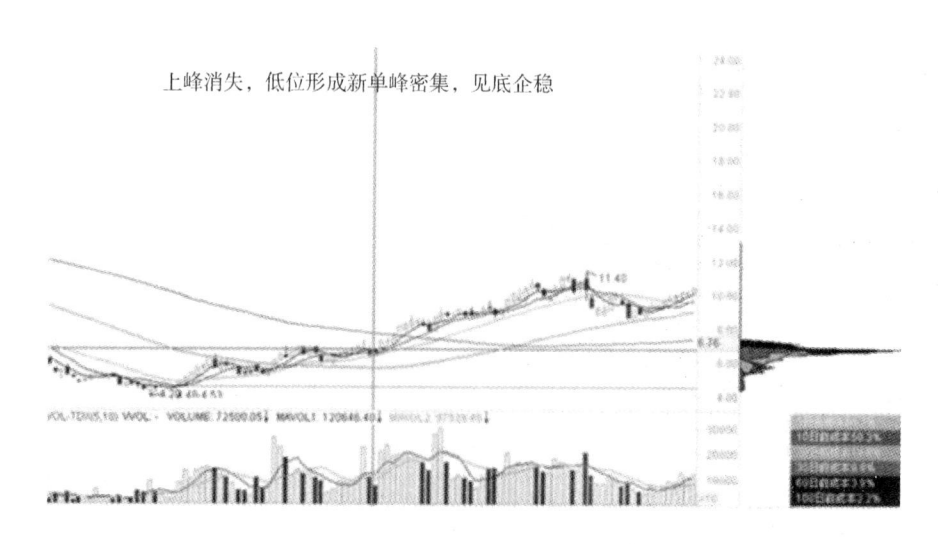

低位单峰

如果是：低位多峰，说明时机未到，向上阻力犹存、向下支撑不牢。虽跌幅巨大，但时间不长，高位套牢盘尚未消化干净；底部买入的筹码也成本不一，难以形成合力。稍有风吹草动，套牢筹码再痛心离场，抄底盘极易倒戈相向。

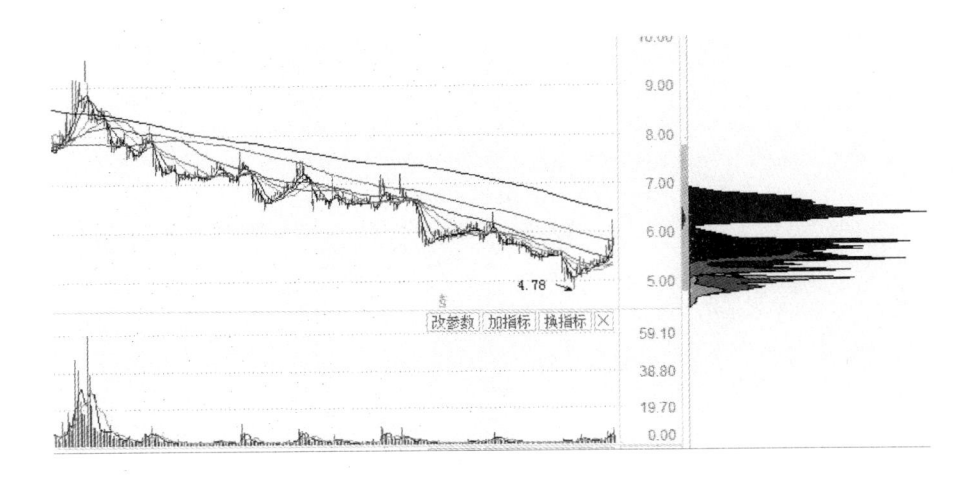

低位多峰

股场如战场，占据有利"地形"，一夫当关万夫莫开。长线投资，首选"质坚位低"之地；中线波段，可选"趋势向上"之右；短线操作，宜在"筹码密集"之上。

三、人和

兵者有云：天时不如地利，地利不如人和。炒股也一样，时机和买点选得再好，没有人（资金）来推动，股价照样难涨。那到底什么是"人和"？

1. 人心齐（长线）

人心齐，泰山移；人心不齐，股价不济。道理虽简单，不过现实中，我们很难从千万投资者中判断谁会是"内奸"，谁会成"逃兵"，但有两个指标可供我们参考：

一看股东结构。股东组成千差万别，有国有（民营）企业（资本）、内外投资机构、公募私募基金、大小散户等，投资风格迥异、时间长短不一、步调很难一致。从"人和"的角度，我们应尽量选择"十大股东占比大、股东增减变化小、长线机构多、短线散户少"的个股。如下图所示，十大股东占比，华昌化工（63.6%）优于新疆众和（42.3%），筹码更集中；股东变化，华昌化工（2新进）优于新疆众和（3新进）；机构多少，新疆众和（7个）优于华昌化工（4个），筹码更稳定。

华昌化工

新疆众和

二看流通比例。股票上市或增发时都会有一定的受限股份，随着时间推移，不断会有原始股东在解禁后卖出，他们的成本越低、数量越多，对股价造成的冲击就越大。所以，流通比例越低（受限股越多）的个股，其含有的解禁"地雷"就越大，而离解禁时间越近，股价越不稳定。为防止股东减持"拖后腿"，我们应尽量远离"解禁股"、拥抱"全流通"。

股份流通受限表	数值(万股)	占比
未流通股份	--	--
流通受限股份	2,820.84	3.27%
已流通股份	83,359.36	96.73%
总股本	86,180.20	100.00%

流通比例

2. 人气旺（中线）

众人拾柴火焰高，哪样的股人气旺呢？简单来说，要有"三性"：

一是时性，即时效性，如大盘急跌时买指标股，牛市确立时买券商股，休整时期买题材股，报表前期买双高股，调整尾声买超跌低价股。又如，春买化肥农药、夏买啤酒空调、秋买文娱传媒、冬买煤炭医药。这些行业和板块在特定的时段，表现突出、收益超群，给广大股民留下了深刻的印象，在他们每年的"表演时间"，更易吸引人气。

二是特性，即特殊性、唯一性，行话就是"站在风口、优选龙头"。风口如：原油暴跌买航空，人民币增值买造纸，乱世买黄金、战事买军工；龙头如价值防御看茅台云药，房产基建看万科海螺，信息软件看浪潮中科。当"风"吹来，这些龙头个股因为主营突出、受益明显，更易获得资金青睐。2018年11月，中国领导人在进口博览会上提出要在上海建立"科创板"，创投板块闻风而动，张江高科（上海、沾边创投）和鲁信创投（山东、主业创投）短期涨幅都超2倍，而市北高新（上海、主业创投）连拉12个涨停板，以3.8倍涨幅独占鳌头，为何？就因特性明显、题材最正。

市北高新

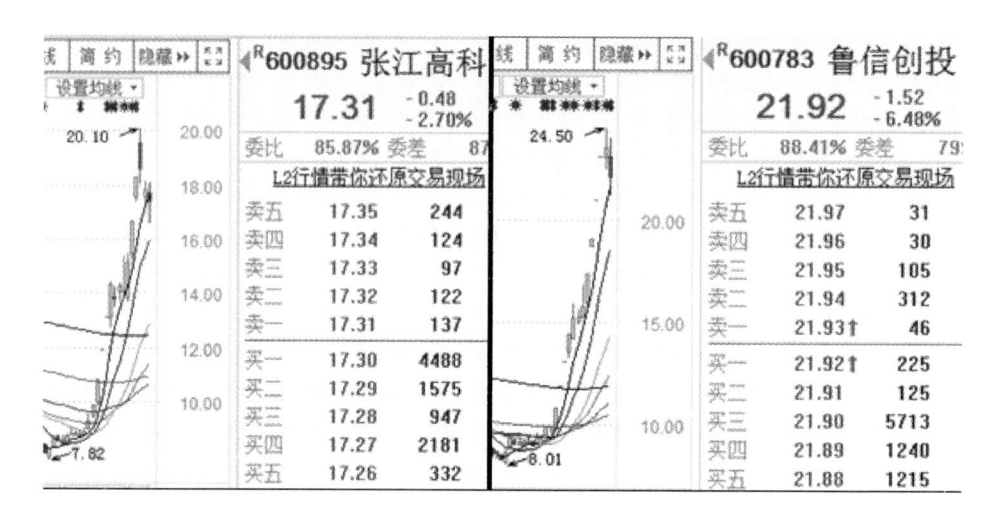

张江高科

还有"名字、代码、地域"等都属于特性，如万向钱潮、360、888、北上广等，都有可能成为吸引人气的理由。

三是活性，老股民常对盘子大、成交低迷的股（僵尸股）敬而远之，而钟爱"换手高、盘子小、题材多"的活跃股，这些股盘子身轻如燕、题材左右逢源，资金活跃、人气兴旺、换手率高，容易形成击鼓传花的上涨效应，如果有游资介入（如校长帮、赵老哥、清扬路），短线还可能成"龙"成"妖"。

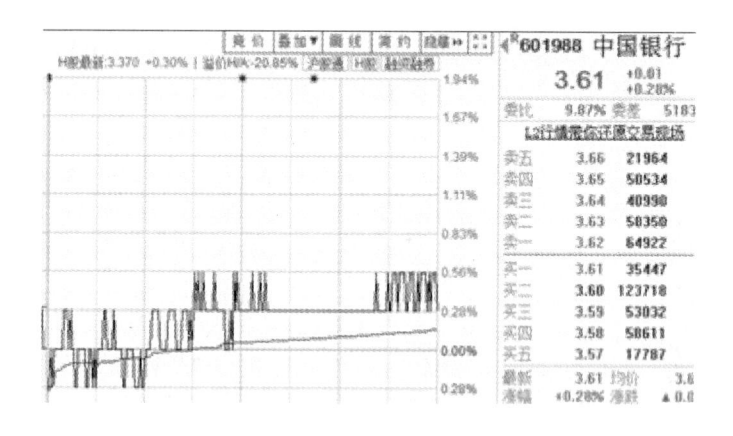

成交低迷的股

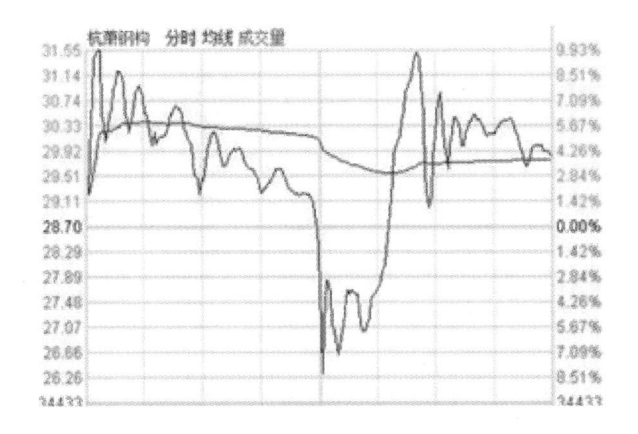

成交活跃的股

当然，有些庄股的分时图也是上蹿下跳，似乎很活跃，但实际上，这些股受庄家控制，外面的资金很难左右，故在 K 线图上的反映就是上下影线很多，但总体起伏不大。

庄股

3. 人数低（短线）

股票上涨需要人气，但不是越多越好，太多容易产生分歧，影响拉升。好股票在上涨前期往往只有少数人关注，等到人尽皆知，也就到了行情末尾，只剩残羹冷炙了。所以，从"人和"的角度，介入一只股票的最好时机应该是人数偏低时，这个"人数"主要指两个方面：

一是股东户数，通常随行情发展（吸筹—拉升—派发），由少变多。太少没有人气，太多容易盛极而衰。从图我们可以看出，股东户数降低，股价后期上涨居多。

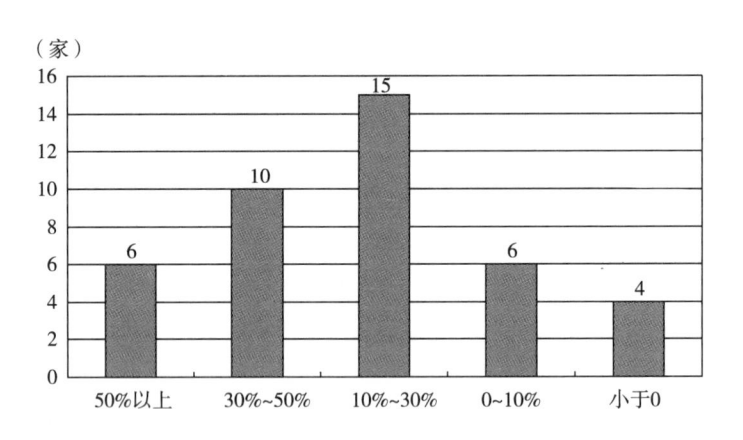

（家）

区间	家数
50%以上	6
30%~50%	10
10%~30%	15
0~10%	6
小于0	4

股东户数环比降幅逾20%公司年内涨幅区间分布

降多少为宜？经验告之：季度环比降10%就可以关注，年内降幅50%以上的后市常有大行情，特别是股东户数持续下降，股价却长期稳定在一定空间的个股应重点关注，如下图所示。

	2018-09-30	2018-06-30	2018-03-31	2017-12-31	2017-09-30
股东人数(户)	2.37万	2.65万	3.09万	3.40万	3.91万
较上期变化(%)	-10.35	-14.36	-9.09	-13.16	-15.34
人均流通股(股)	3.0万	2.6万	1.7万	1.6万	1.4万
较上期变化(%)	11.55	51.79	10.00	15.15	22.09
筹码集中度	非常集中	非常集中	非常集中	非常集中	非常集中
股价(元)	5.50	5.55	6.41	6.42	7.14

个股数据

二是新增开户数，其波动与大盘走势密切相关，甚至是大盘指数的先行指标。道理很简单，开户越多、入市资金越多，推动大盘上涨的力量越强，开户数见顶回落，大盘也必然随之见顶回落。所以，老股民常在开户数见底回升后抄底进场，在开户数见顶回落后逃顶离场，屡试不爽。再通俗点，卖菜大妈进场买股、茶余饭后群聊股票，就是一轮行情见顶的标志。

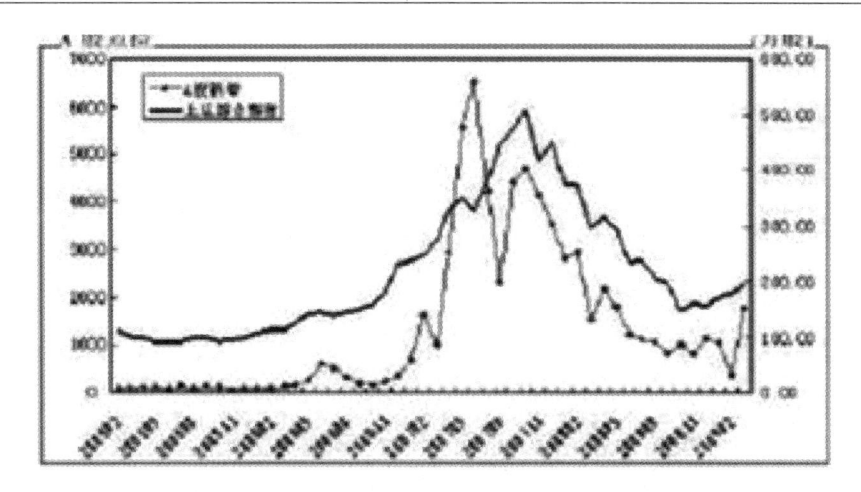

A 股新增开户数与上证综指走势对比

综上所述，天时、地利、人和，三者兼具为上等票，可长线持有、重仓介入；三具其二为中等票，可中线参与、波段操作；三具其一为次等票，宜短线轻仓、见好就收。

卖出一只股票的三种方法

股者云，会买的是徒弟，会卖的是师傅，诚也！凭心身边的股友90%都会买，特别是新股民，生怕买不到，经常一把梭哈。但卖起来就不一样了：涨的时候卖，卖得心慌、就怕卖了还涨；跌的时候卖，卖得心疼、生怕卖了就涨。更有甚者，涨了不想卖、一山望着一山高；跌了不愿卖，套了一年又一年。最终，错失了良机、蹉跎了岁月，唉！

"买得没有理由，卖得没有章法"这是我们散户的通病，那怎样才能卖得好呢？经过艰难的磨炼、探索，凭心归纳了三种卖出方法，与大家分享：

一、高抛低吸（短线，技术层面）

高抛低吸是为了赚取短线差价或摊薄长线持股成本，在"高点卖出、低点接回"的交易方法。这里的"抛"就是卖，关键是：何时卖？卖多少？怎么卖？

1. 分时高抛

分时高抛又称T+0，是在一个交易日（4小时）内选择高点卖出的操作，适合有时间看盘和交易的投资者。

何时卖？上午10点和下午2点左右，这是一天中成交量最大、换手最活跃的两个时间段，股价的日内高点也常出于此。

卖多少？短线标的，每次1/2仓位，日内可操作两次；长线标的，每次1/3仓位，日内可操作三次。

怎么卖？顺序是：强势行情中，先买后卖；弱势行情中，先卖后买。因为在市场强势时，做多热情高涨，可能连续出现多个高点或直线拉升，甚至涨停，先卖容易"T"飞；在市场弱势时，反弹乏力，先买容易套上加套，而先卖出再低点接回，成功概率更大。方法有：分时线顶背离卖出、下破均价线卖出、反弹均价线受阻卖出。

无论哪种方法，都要紧密结合 MACD、成交量等技术指标。如下图所示，大盘弱势，则先卖后买。卖点 1 是分时线 MACD 顶背离，且股价已高出均价线 2% 左右，达到卖出条件。

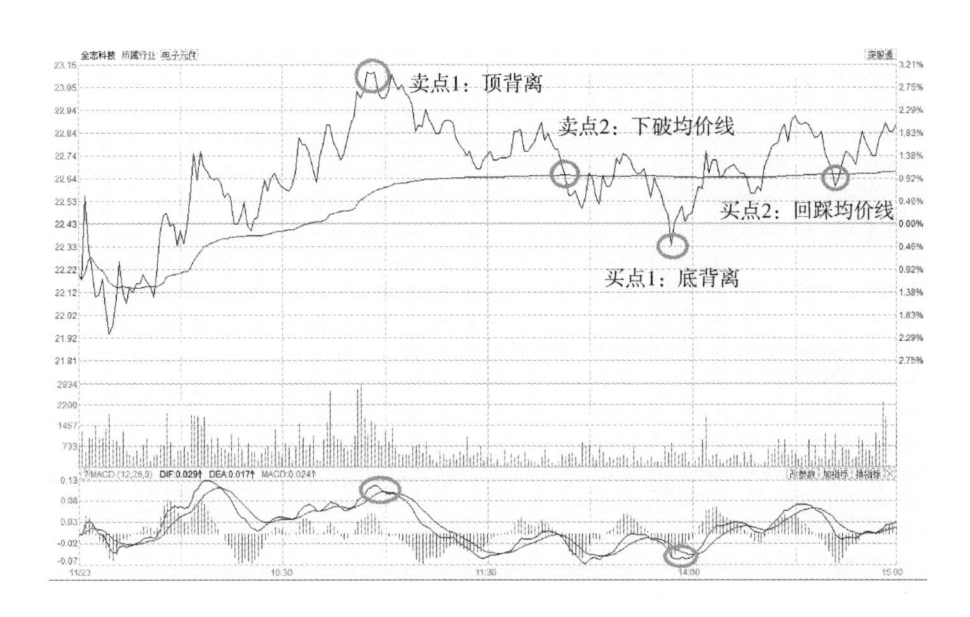

大盘弱势

注：2018 年 11 月 23 日大盘处于弱势（大跌 2.5%），先卖后买。

大盘强势，则先买后卖，卖点 1 采用的是分时线顶背离卖出，卖点 2 采用的是下破均价线卖出。同时用成交量验证，卖点 1 是上涨缩量，卖点 2 是下跌放量，两个都达到卖出的技术指针。

个股大幅低开低走，瞬间触底后缩量反弹，两次受阻于均价线回落，明显属于下跌放量、上涨无力的弱势行情，采用反弹均价线受阻卖出法。

何时接回？除了技术面，还要根据市场强弱、投资时间长短、股性等要素，因情施策：强势行情、长线标的、股性欠活跃的，有 1%～2% 差价即可接回，弱势行情、短线标的、股性活跃的，可适当放宽。无论先买后卖，还是先卖后买，除非行情特别强势或把握很大，高抛低吸后应保持仓位不变。

大盘强势

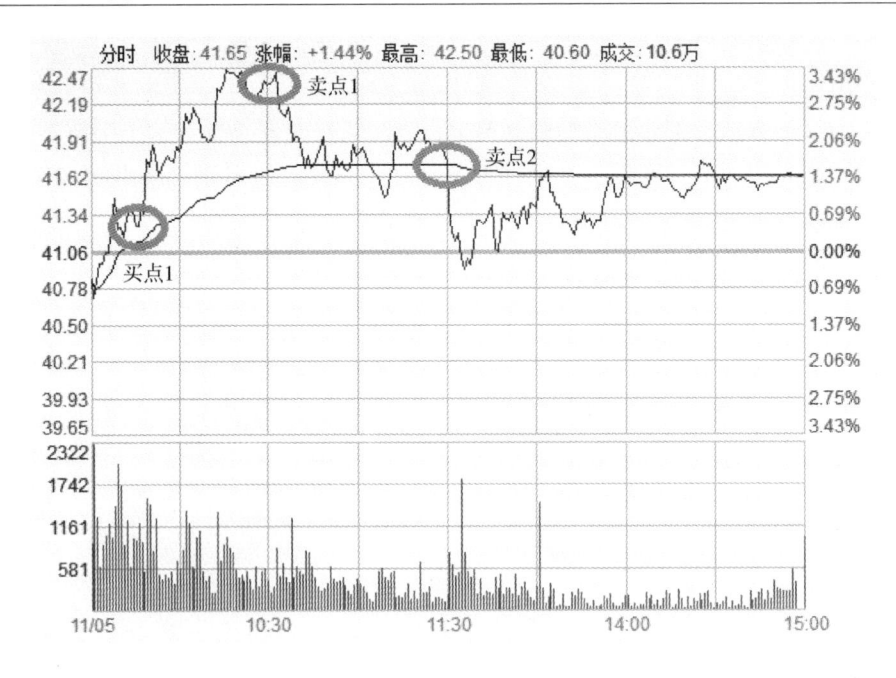

注：2018年11月15日大盘处于强势（上涨1.4%），先买后卖。

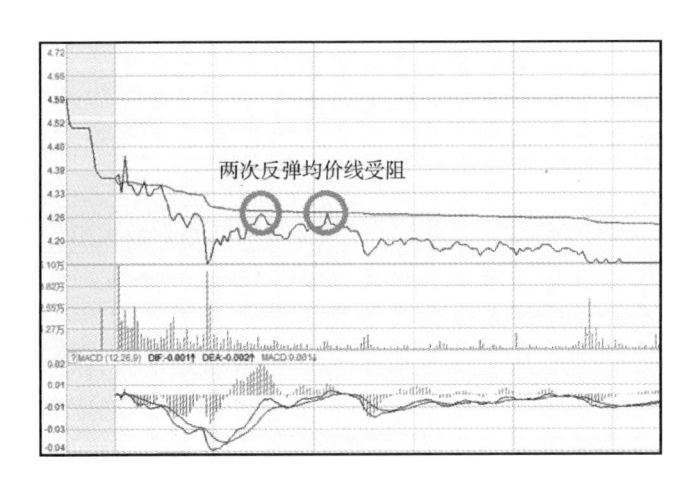

低开低走

注：低开低走，放量下跌后缩量反弹，受阻于均价线卖出。

2. 日线高抛

日线高抛是日K线及以上级别的卖出操作，适合波段操作和趋势交易的投资者。

何时卖？没有特定的时间，以技术指标为准。

卖多少？同样，短线标的，每次 1/2 仓位；长线标的，每次 1/3 仓位。

怎么卖？顺序是：强势行情先买后卖，弱势行情先卖后买。方法有：技术性高抛、趋势性高抛。

技术性高抛，最主要是日 K 线顶背离卖出法，即股价向上走，MACD、KDJ、成交量等指标向下走。如下图所示，B、C 点的股价高于 A 点，但在指标曲线中，B、C 对应的高点却低于 A 点，我们称股价在 B、C 点发生顶背离，是两个卖点。

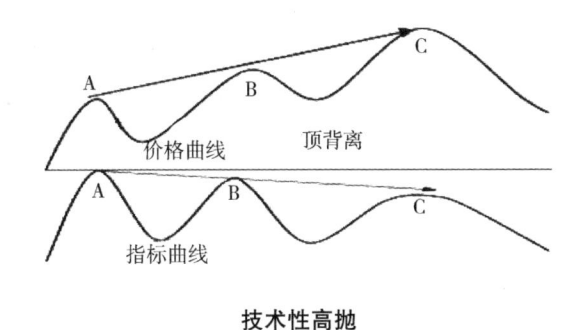

技术性高抛

趋势性高抛，如下图所示，我们将一段时期内股价的高点、低点分别用直线相连，得出日 K 线向上或向下的趋势性图形，图形每一个高点、低点对应的就是日线卖点、买点。

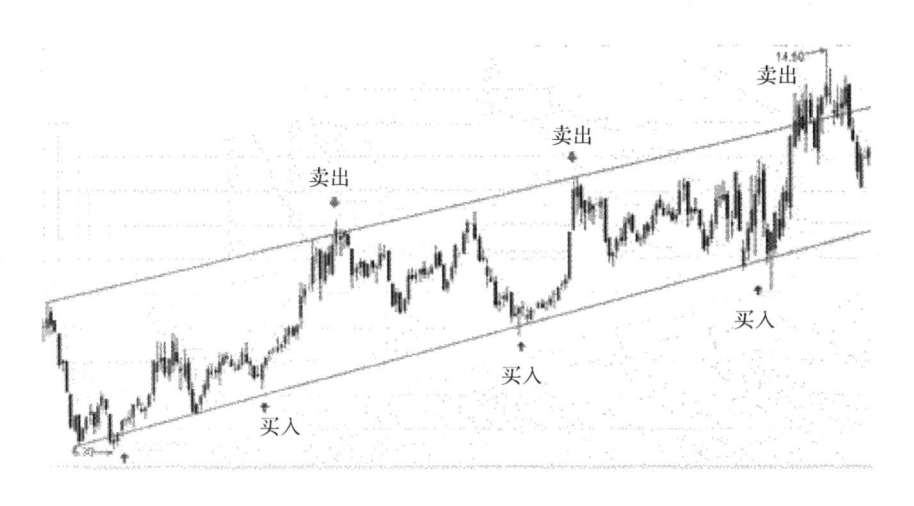

趋势性高抛

如果趋势线不明朗，我们还可以运用布林线（BOLL）的上中下三轨道，来查看压力、支撑位，从而明确买卖点。

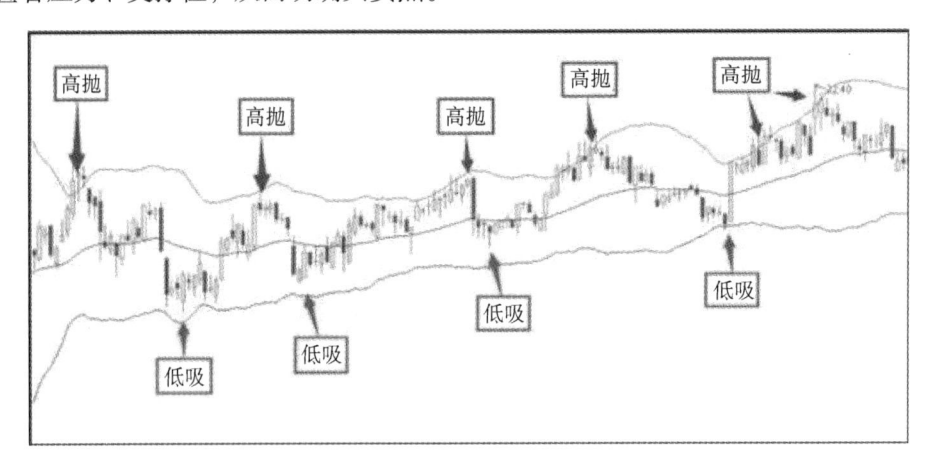

布林线

需要注意的是，如果股价突破或跌破了趋势线，买卖点就会发生反转。如，股价放量突破趋势线上沿的高点，那这个原本的卖点就变成了买点；股价放量跌破趋势线下沿的低点，那这个原本的买点就变成了卖点。

何时接回？技术性高抛通常在技术线顶背离时卖出，技术修正或发生底背后接回；趋势性高抛通常在趋势线的压力位卖出，支撑位接回。同时，买卖之间的时差、价差视情况而定：强势行情、长线标的、股性欠活跃的，有5%～10%差价即可接回，弱势行情、短线标的、股性活跃的可适当放宽。

二、止盈止损（中线，技术+心理层面）

止盈止损就是在一定的技术点位或心理价位卖出股票，从而终止盈利或亏损的操作。如果说高抛低吸是一种偏短线的技术操作，那止盈止损就是一种偏中线的"心理预期+技术操作"。

同时，高抛低吸每次交易的仓位较少，价差1%～10%，而止盈止损通常为全仓操作，价差要根据市场环境、个股走势、个人预期等综合判定。

止盈止损卖出主要有两种方法：

1. 技术法

因为止盈止损是一种偏中线操作，故其从技术上来确定卖点，不能简单依靠

"顶背离"，而要结合价位、趋势、筹码等全面考虑、综合判断。

技术法定卖点主要有以下几种：

均线止盈止损：60日线（又称生命线）是判断个股中线强弱的一条重要均线，我们常以此为参考，有效跌破即行卖出。

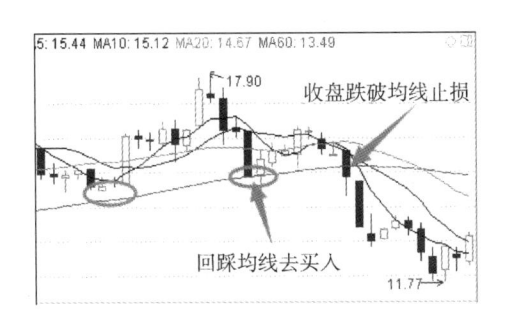

收盘价跌破 60 日均线卖出

当然，均线越发散（差价大）、前期涨幅越大，选择的均线可以越小，如10日、20日、30日线。同时，短期均线下穿中长期均线也可以视为行情拐点、卖出信号。

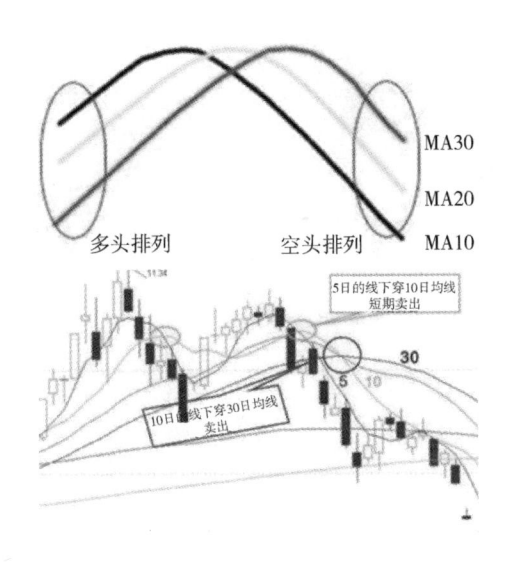

短期均线下穿中长期均线卖出

趋势止盈止损：趋势是一种惯性力量，一旦有效跌破，短期很难挽回，跌破当日或反弹受阻时就是卖点。

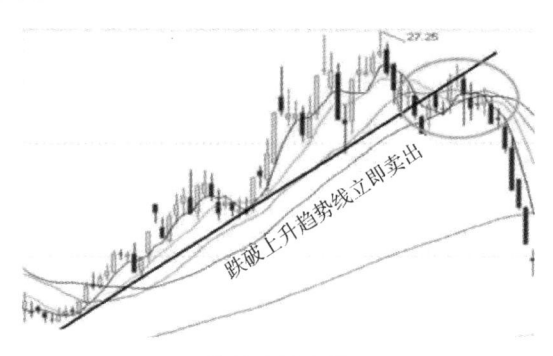

趋势止盈止损

形态止盈止损：包括头肩顶、M 头、圆顶、黄昏之星、断头铡刀、倾盆大雨等顶部技术形态（前篇有详述），一旦形成或跌破颈线位，即当卖出。

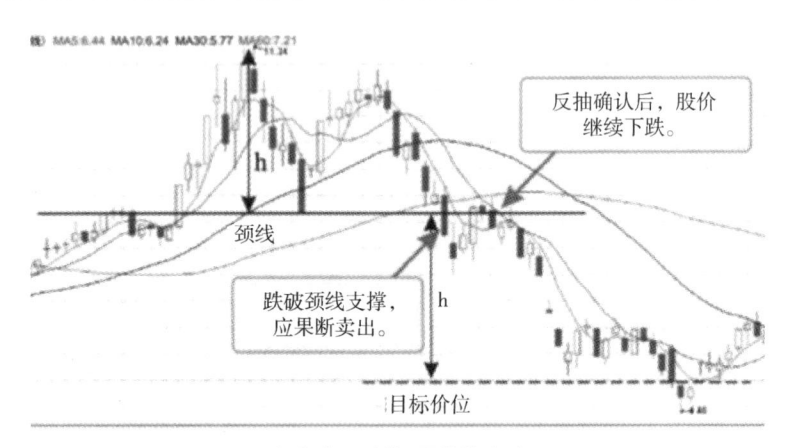

跌破"M 头"颈线位卖出

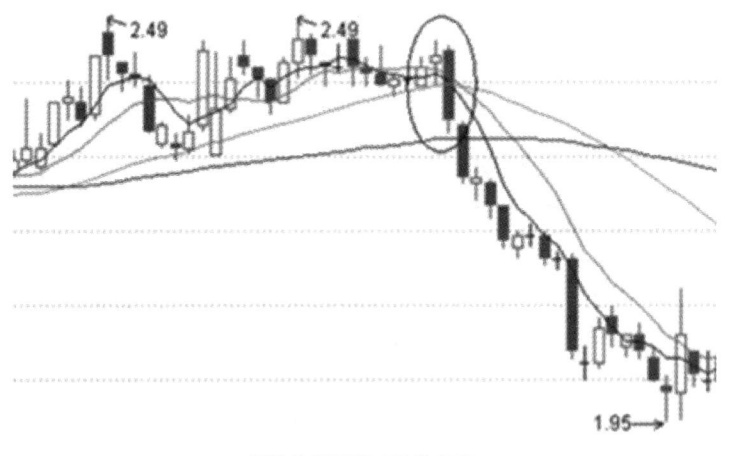

"断头铡刀"形成卖出

筹码止盈止损：股价经过长期盘整，投资者的成本趋于一致，会形成一定的筹码密集区，该区域对股价构成支撑，如若跌破，将形成强大压力，当及时离场。

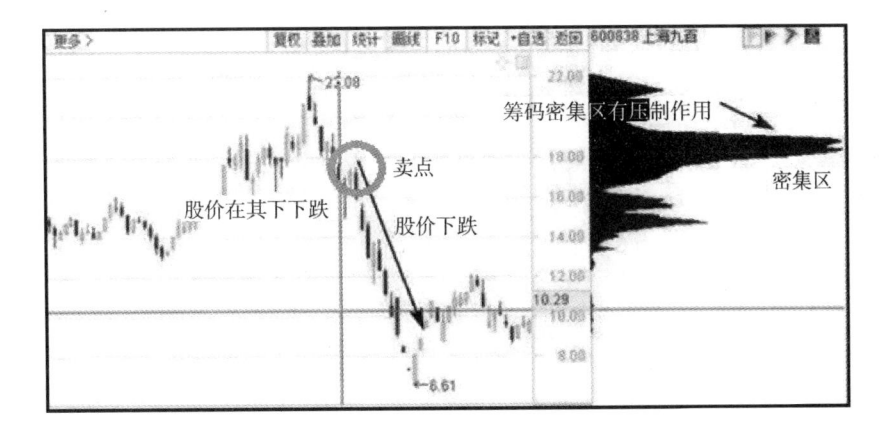

跌破筹码密集区卖出

注意，上述技术卖出法如有以下三个因素配合，把握更大：①收盘价有效跌破，没有反弹或反弹受阻；②成交量放大明显；③MACD 或 KDJ 形成顶背离或死叉。

2. 定额法

赚，要知足常乐、落袋为安；亏，要留得青山、保存实力，这是股市生存的长久之道。除了技术卖出，我们心里也应有杆"秤"，当股价达到预期的盈利目标或可承受的最大亏损比例后及时卖出，即定额法。

定多少？10%、20%、50%还是100%？因为止盈止损属于偏中线操作，通常设定 +50% 止盈，-20% 止损，同时兼顾以下因素：

一要因人而异。心理承受能力大的，盈损比例可适当扩大。

二要因股而异。股性活跃、属热点题材的个股可适当放宽。

三要因情而异。成本低、股数少、大环境好、趋势向上可适当放宽；反之，要降低比例。

注意，设定止盈止损点不能刻舟求剑，要根据技术面、大环境、个股状况等综合因素随机应变。

三、调仓换股（长线，战略层面）

俗话说：风水轮流转，热点跟着换。这里的"换"就是"卖"，但与"高抛低吸、止盈止损"不同的是，"调仓换股"更多的是一种长线操作、战略考虑。有人喜欢"换"，但也有人最怕"换"，为什么？因为刚换完，换掉的就开始涨，换入的开始跌……这种左右打脸的"路"，凭心也曾和大家一起走过，不堪回首！

何时换？节奏很重要！涉及"卖"和"买"两个方面，时点要恰到好处：换掉的风光不再、前景遥遥无期，换入的风华正茂、后市想象无限；或者，换掉的正需止盈止损，换入的已现买入良机；再者，换掉的行业穷途末路、政策打压收紧，换入的行业方兴未艾，国家大力扶持。

换多少？经过慎重考虑、全面评估的，可以全仓换；技术不熟、把握不大的，可以尝试着先换一半。

怎么换？主要有以下三种方法：

1. 留强换弱

首先是选择强势板块，换掉弱势板块。强势板块既可以是技术面站在中长期上升通道的板块，也可以是消息面站在风口的热点板块。如2016~2017年的白马板块，既站在风口，又站在上升通道，强势明显。

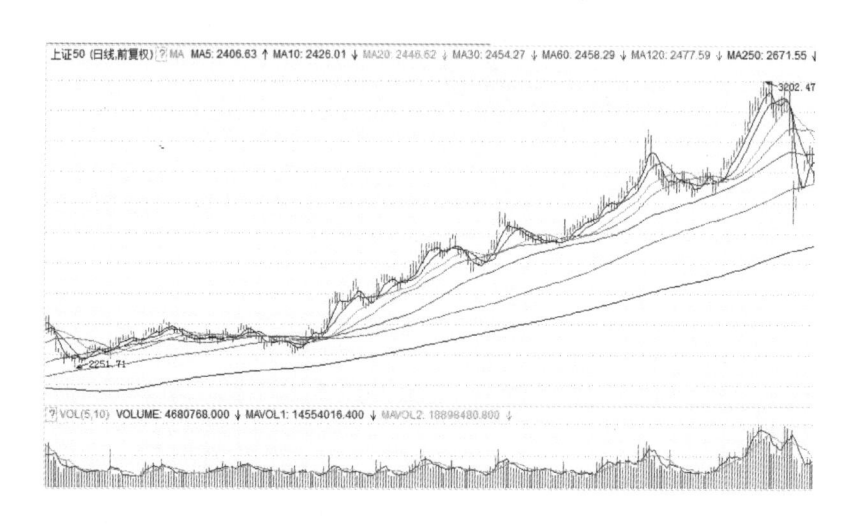

上证50

以"风"为向选择板块，特别要做好评估：是"长风"还是"阵风"？前者仓位可以重一些、持有时间可以长一些；是"和风"还是"台风"？前者可以逐步加仓、长期持有，后者可轻仓追低位首板，但需及时止盈。

一般来说，符合时代和经济发展规律的，国家长远规划和重点布局的行业，属于"长风、和风"，它会经历一个"概念预期—政策出台—实体发展—业绩兑现"的渐进过程；而个别政策利好、行业阶段好转（大宗商品）、新鲜事物炒作（比特币）等，则属于"阵风""台风"。

2015～2017年的锂电池板块属于长风、和风

2018年的上半年的独角兽板块属于台风、阵风

其次是选择强势个股，换掉弱势个股。板块是轮动的，其强弱在时机；个股是差别的，其强弱在本性。即使踏准了节奏，选对了板块，如果个股没选好，结果可能是天壤之别。

强势个股有何特征？要么走势强、要么主业强，两者经常并存。而弱势股主要体现在股性和走势上：大盘跌，跌幅超过大盘；大盘涨，涨幅小于大盘甚至不涨反跌。

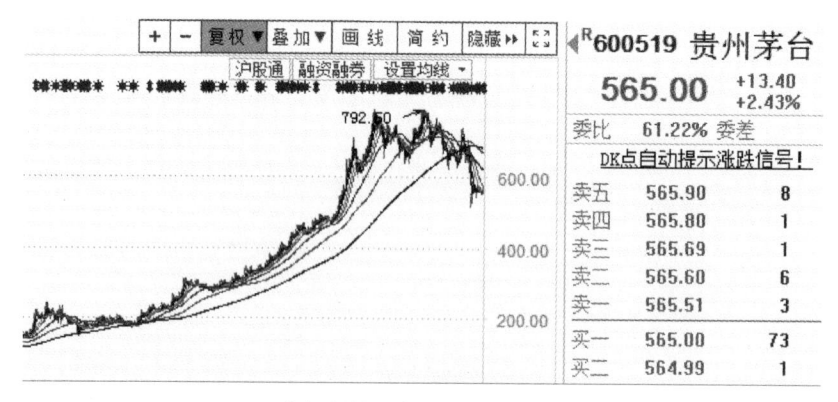

白酒板块强势股坐的是飞机

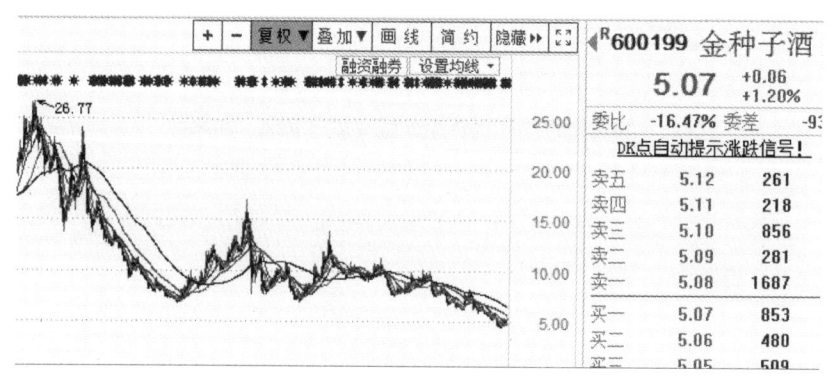

白酒板块弱势股坐的是滑梯

排名	代码	简称	总市值(元)	流通市值(元)	营业收入(元)	净利润(元)
29	600199	金种子酒	28.2亿	28.2亿	7.98亿③	239万③
		行业平均	399亿	371亿	58.1亿④	16.3亿④
		行业中值	94.9亿	61.5亿	21.4亿④	2.96亿④
1	600519	贵州茅台	7098亿	7098亿	522亿③	266亿③
2	000858	五粮液	2034亿	1989亿	293亿③	99.6亿③
3	002304	洋河股份	1510亿	1246亿	210亿③	70.4亿③
4	000568	泸州老窖	601亿	599亿	92.6亿③	28.2亿③
5	600600	青岛啤酒	417亿	215亿	236亿③	22.5亿③

两者的主业强弱分明

常令人困惑的是，如果强势股已经到了天上，弱势股还趴在地上，该怎么换？确实难以下手，只能做价差！在强势股回调、弱势股反弹时换，一次换一点，直到全仓换过来。当然，最好还是买入前就做好股性研究，先观察再动手，慎碰弱势股，免得一失手成千古恨！

2. 留低换高

常言道：人往高处走，水往低处流。散户是"人"，经常追高站岗；资金是"水"，天然流向洼地！

调仓换股虽然要"留强换弱"，但"强"不一定是"高"，"弱"也不一定"低"。这里的"高、低"不能只看股价，更重要的是看估值。很多弱股股价很低，但业绩极差，市盈率（估值）高得离谱；一些强股股价很高，但业绩很好，市盈率反而很低。而一些业绩差、股价却很高的股，貌似披上了"强股的外衣"，实则炒作所致，终有崩盘之险，当仔细鉴别。

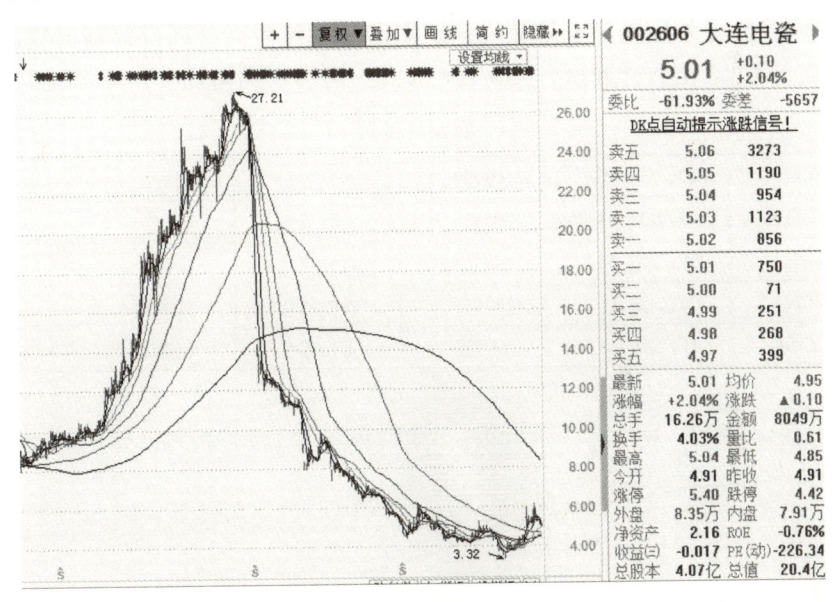

业绩为负的"虚高股"崩盘

所以，"留低"的正确做法是：同等市盈率，留价位低的；同等价位，留市盈率低的；同价位和市盈率，选择成长性更强、发展空间更大的；如果都相差无几，就要比较股性和走势强弱，或者跨行业、选风口了。

如，2018年2月《红海行动》的上映掀起了一股国产热，凭心伺机介入刚转型影视的吉祥股份（12元），两个月收益超50%，达到止盈条件，如果在影视行业内部换股，没有较好的选择（其他个股都有不同程度的上涨，股价较高）。

· 137 ·

吉翔股份

此时，恰逢4月中美贸易开战，国家启动基建内需补西部短板，凭心趁机"换高留低"，卖出吉祥股份、买入青松建化，并多次高抛低吸，摊薄成本。

卖出与买入

20180410	10：38：26	603399	吉翔股份	证券卖出	18.640
20180410	13：13：21	600425	*ST青松	证券买	3.740
20180504	09：50：52	600425	青松建化	证券卖出	4.060
20180725	09：32：16	600425	青松建化	证券买入	3.230
20180808	11：26：45	600425	青松建化	证券卖出	3.770

4月10日一阳穿四线
放量站上60日线买入

青松建化

3. 留长换短

赢一时，不如行一世。职业投资家巴菲特 88 岁高龄依然矗立股坛不倒，靠的不是超高的短线收益，而是稳定的长线收益。我们 90% 以上是业余投资者，不能像职业投资者一样时时看盘、日日交易，这决定了我们必须学会留"长"换"短"，这也是调仓换股的终极目标，即根据经济发展趋势和国家长期政策，经过一段时间的实盘操作，遴选出适合自己的长线投资标的，并在合适的时机、价位买入，高抛低吸、长期持有。

如，上述青松建化是择时择机的短线买入，非长久之计。2008 年 4～8 月大盘大幅下跌（3190 - 2744），持有青松受益明显，选择高点卖出，换入长线的建设机械。虽同为西部、贸易战受益股，但一个是产能过剩的传统行业、公司排名靠后；一个是前景广阔的机械租赁行业，公司国内第一。从基本面、技术面、政策面来说后者更优，更适合长线投资，其后走势也得到了验证。

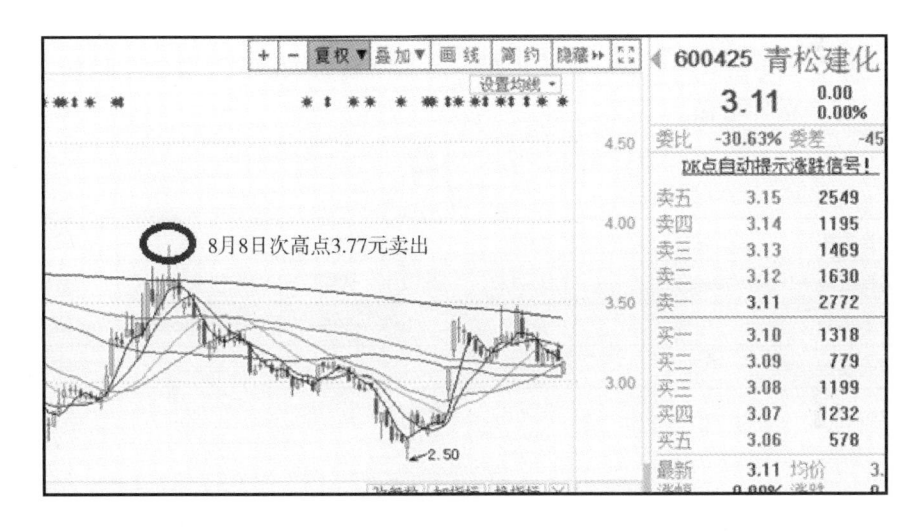

择机卖出

择机卖出与买入

20180808	11：26：45	600425	青松建化	证券卖出	3.770
20180808	14：46：35	600984	建设机械	证券买入	5.560

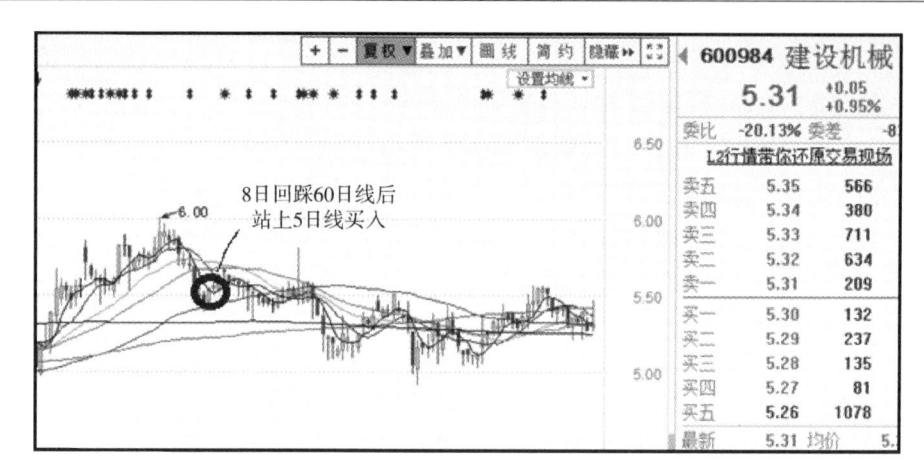

建设机械

综上，投资交易实为买卖之道，买入讲理由，卖出讲方法；买入是思考，卖出是纪律。无论是高抛低吸、止盈止损，还是调仓换股，但凡卖出，必有"法"可依、有"章"可循。

总结

卖出方法	时长	仓位	差价	依据	性质
高抛低吸	偏短线	1/3～1/2	1%～10%	技术面	进攻
止盈止损	中线	全仓	10%～50%	技术+心理	防守
调仓换股	中长线	1/2至全仓	—	技术+战略	攻防兼备

散户必备持仓战略

工欲善其事，必先利其器。对散户来说，仓位就是我们的武器，要让"武器"准确、有力，必须进行科学、高效的管理。

仓位管理，就是对所持股票的品种、数量等进行有效组合，并根据市场风险状况适时调整现金和股票比例的操作行为。如我们常说的"建仓、加仓、补仓、减仓、调仓、清仓"等都是仓位管理的方式方法。有效的仓位管理能降低持仓成本、控制投资风险、提高投资收益，是散户投资的制胜法宝和必备技能。

如何持仓、如何管理？重点是以下三个方面：

一、循序渐进

世间万物本是混沌无序的，经过人类的认知、利用和改造，才探知一定的规律，变得有序可循。投资也一样，人人都是从一无所知开始，历经坎坷和磨炼，或盈或亏，或离去或留下。留下者少半总结了一些心得和方法，多半仍处于"下手就满仓、套住就锁仓"的无序状态，无法拨云见日、获得盈利之道。

要盈利，持仓是关键、是根本，它体现思路、反映水平、决定盈亏，仓位管理须循序渐进。

1. 循章法

没有规矩不成方圆，没有章法不叫管理。仓位管理首讲章法，什么时候该买、什么时候该卖，哪些买得、哪些买不得，买多少、卖多少……这些都是章法。不讲章法，轻则吃哑巴亏，如奔着"分红"去买股，以为天上掉馅饼，结果白白交了红利税；重则血本无归，如眼红深跌退市股，以为咸鱼会翻身，结果赔了本金伤了神！股市投资规则很多、套路很深，循章法的要诀在"试"，用

1/10的资金、三个月的时间，尝试以下三点：

一试规则。买卖股票、债券、基金、逆回购等各类品种，熟悉它们的规则特点，掌握它们的交易方法。

二试股性。按照股本大小、行业分类，分别买卖6、0、3字开头的股票，熟悉它们的涨跌规律，掌握它们的咽喉七寸。

三试手法。趋势法、波浪法、追板法、低吸法，无论师出何门，先拿来主义，采众家之长、成自家之法。

通过遍尝百草，最终明确哪些雷池不可越、哪些股票不可碰、哪些方法不可为，做到有章可循、有法可依，不打糊涂仗。

2. 循步骤

炒股如行军打仗，仓位管理如排兵布阵，每一步必须有板有眼。何时建仓、清仓，何时加仓、补仓，必须按步骤、有序推进。循步骤的要诀在"定"：

一定前提。如建仓的前提是"天时地利人和"（前篇有详述）；清仓的前提是"达到止盈止损"；加仓的前提是"下有底气（盈利10%）、上有空间（第一阻力位>10%）"；补仓的前提是"亏损已大（>20%）、反转已现"，且补强不补弱、补二不补三（最多补两次）。

二定多少。如整体建仓不超总资金1/3，单一个股建仓不超总资金1/10，加仓、补仓每次不超原有仓位1/2，最多两次。在实战中，我们还经常采用金字塔加、减仓法：

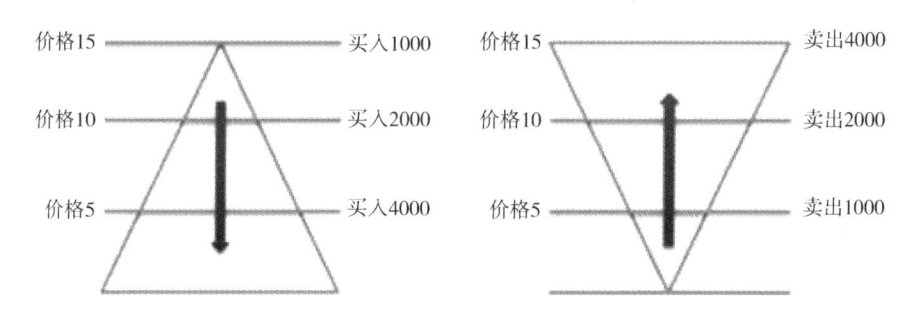

价格15 ——— 买入1000
价格10 ——— 买入2000
价格5 ——— 买入4000

价格15 ——— 卖出4000
价格10 ——— 卖出2000
价格5 ——— 卖出1000

买入与卖出

3. 循体系

仓位管理的最高境界，就是建立自己的持仓战略、交易体系，达到人枪合一：你视力好，就用狙击枪、精准打击；你体力好，就用机关枪、连续作战……循体系的要诀在"配"：

一配长短。持仓分长短，因人而异、因股而异，搭配要协调统一（长线2/3，短线1/3为宜）。成熟稳健、时间少的人可多配长线股；敏捷好动、时间多的人可多配短线股。股性活跃的题材股宜作短线配置，股性迟钝的蓝筹股宜作长线配置。

二配轻重。持仓有轻重，一般来说，轻仓者以短线为主，重仓者以长线为主。在时机好、把握大时，也可以短线配重仓；在大市低迷、趋势向下时，长线股也需轻仓。重仓股尽量选择前景广、空间大的行业，单只不超过整体仓位1/3。轻仓股可随市场热点调配，单只不超过整体仓位1/10。

三配攻防。持仓论攻防，总的来说，股票为攻、现金为防；对股票来说，大盘、蓝筹、消费类防御性强，小盘、题材、周期类攻击性强。股票投资者本身风险意识强、预期收益高，故攻防比以7:3为佳，并适时调整，做到进退有度、游刃有余。

二、分而治之

"子弹不一次打光、鸡蛋不放一个篮子里……"这些都告诉我们：投资有风险，风险需分散。如何分？分少了没有意义，分多了没有力度。哲学讲三生万物、数学说三角稳定、历史看三分天下，凭心论"三三分仓"：三种分法，每种三个。

1. 分行业

行业，是区分上市公司的基本方法。"隔行如隔山"，行业选得不一样，投资收益也不一样。截至2018年底，沪深两市共有3700多只股票，分属于61个行业板块、199个概念板块。

行业

虽然行业概念千差万别，但行行出牛股，要想提高"命中率"，就要让持仓尽可能覆盖到最大的行业和概念范围。具体怎么分？逐一挑选不切实际，但可以大致分为以下三个方面：

一看公司性质，上市公司多如牛毛，但其性质无非两类：国有、民营。各具特点、各有优劣：国有企业规模大、力量强、政策支持多，民营企业规模小、活力强、市场反应快。国企较民企效率偏低，民企比国企稳定性差。

二看产品周期，大体也可以分为两类：周期、非周期。周期类企业受外部环境影响大、股价波动大、攻击性强，利于短线操作；非周期类企业受内部因素影响大、股价波动较小、防御性强，便于长线持股。

三看技术水平，没有很明确的界定，我们姑且分为两类：传统、新兴。传统行业经营较稳定、股民易接受，新兴行业成长空间大、炒作热情高。当然，传统行业的重组转型，经常受到市场热捧，而新兴行业若经营不善，也会被市场抛弃。

2. 分大小

以大小论英雄虽不科学，且随着股市扩容、资金增量，大小已难有绝对界限，但股本、市值的大小对个股选择、资金操作还是有很大影响。如：100万元现金买入股本1000万元的个股，可以瞬间拉高股价1%，若买入中石化这样的大块头，却激不起一点浪花，影响了很多小散的"食欲"；而对于资金量巨大的机构，如外资、保险、基金等，可以将袖珍股直接干到涨停，"影响"太大，只有大盘蓝筹股，才便于稳步建仓，获得了他们天然青睐。

所以，大有大的好，小有小的妙。特别是对于我们小散户来说，买大，可以借脑专业机构、坐享稳定的长期收益；买小，便于追随市场热点，博取超额的短期利润。

大小怎么分？从时间上来说，大盘股在牛市初期常有引领作用（如券商股），在熊市阶段也相对抗跌（如保险、药酒）；中小盘股牛市中后期和震荡市中表现活跃，特别是每轮牛市的风口行业、热点板块经常获得数倍甚至10倍的超额收益。总的来说，应该是大小均分，也可以根据个人特长有所偏重，但要注意"到什么山唱什么歌"，适时调整大小比例，充分发挥散户灵活机动的优势。

根据目前的市场特点和资金喜好，凭心做了个粗略的划分供大家参考。

划分标准

股票类别	小盘股	中盘股	大盘股
流通股本（元）	2亿以下	2亿~10亿	10亿以上

3. 分地区

常有股友说"投资不过山海关",虽是坊间传言,但足见"地域"对投资的影响。在日常交易中,我们也经常发现"地区"的联动性。如屏幕上突现"上海××火箭发射",上海地区的其他个股就会跟风上涨;国务院发文在海南全岛建设自由贸易试验区,海峡股份、海南高速、罗牛山等就联袂涨停。很多时候,题材炒作还常从一个地区扩散到另一个地区,如炒国企改革时,上海国企股刚刚"表演"完毕,深圳、北京、重庆等地的国企股就接过大旗,轮番上演。这些都说明,"地区"是仓位配置中一个不可忽视的因素。

地区板块多达31个,怎么分?

一看代码,目前有沪(6)深(0、3)两种,6开头的多为大盘股,0、3开头的多为中小盘股。因申购新股时,6开头的是1000股的整数倍,0、3开头的是500股的整数倍,都顶额申购的话,沪市需要更多的股票市值。所以,在仓位上建议配置更多的沪市股票,沪深两市比以6:4为佳。

二看贫富,不是嫌贫爱富,而是贫富共济,5:5分仓。在资本市场,发达地区有先发优势和带头作用,很多新产业诞生于此、很多新政策从此试点;而落后地区既有"扶贫攻坚"的政治需要,也是经济社会发展的潜力所在,国家资金、政策常有适当倾斜。

综上可知,"分而治之"的宗旨就是扬长避短,扬长即扩大持仓面、提高命中率,东边不亮西边亮;避短是分散风险,避免踩到地雷全军覆没和抱着冷门股看戏的尴尬。

总的来说,"分而治之"有三个原则:行业均分、地区平衡、大小兼顾。当然,也不能撒胡椒面、雨露均沾,可以采用"强中选强,弱中选弱"方法来协调,以100万元资金、市场震荡向上为例,建议保留现金30万元、持仓不超过5只股票。

股票分布

性质	仓位	攻防	沪深	大小	公私	地区	技术	产品
重仓1	20万	攻	沪	小	民营	发达	新兴	非周期
重仓2	20万	防	深	大	国有	落后	传统	周期
轻仓1	10万	攻	深	小	国有	发达	传统	周期
轻仓2	10万	攻	沪	小	民营	发达	新兴	非周期
轻仓3	10万	防	沪	大	国有	落后	新兴	周期

三、因时制宜

如果把仓位看作一把枪，那"循序渐进"就是学枪、练枪，"分而治之"就是磨枪、擦枪，"因时制宜"就是用枪、打枪。三者相辅相成、缺一不可，相互协调才能做到"人枪合一"。

俗话说"此一时，彼一时"，不该用枪的时候用枪，容易伤人（套住亏损），该用枪的时候不用，容易生锈（踏空）。所以，用枪最重要的是时机：

1. 因人时

人是仓位的主导者，人的投资能力直接决定仓位管理水平，从而决定账户盈利水平。成为一名成熟稳定的投资者通常要经历三个阶段：学习摸索、建立体系、稳定盈利。正确的仓位管理应该根据自己所处的阶段量力而为：

学习摸索阶段可以轻仓多交易，股票无论大小、行业、地区都要尝试，有买有卖、有长有短，争取用最短的时间尽快熟悉交易规则，了解股票脾性。

建立体系阶段可以中仓多思考，哪类股票最适合自己买卖，哪种方法最适合自己操作，什么时候可放手一搏，什么时候该鸣金收兵，做到分轻重、有长短、知进退。

稳定盈利阶段可以重仓多总结，通过优中选优、化繁为简，使持仓更趋合理，提高现金使用效率，让盈利可持续、最大化。

各阶段的仓位配置参考如下表所示。

仓位配置

阶 段	学习摸索	建立体系	稳定盈利
仓 位	1/10	1/3～1/2	1/2 及以上

不过，"个人水平达到什么阶段了？"确实不是一个容易回答的问题。人（特别是股民）容易当局者迷，经常过高估计自己，导致仓位管理失灵。所以，必须通过量化标准来约束自己的行为和规范仓位：

一是时间标准，虽然个体有差异，但从普遍水平和历史经验来看，从入门到稳定盈利大多需要 10 年左右的时间，这也是经历一轮完整的牛市、熊市所需要的大概时间。

时间标准

阶　段	学习摸索	建立体系	稳定盈利
时　间	1~3年	3~5年	5年以上

二是盈亏标准，盈亏最显人性，新手入门喜欢追涨杀跌，经常赔了夫人又折兵；慢慢摸清门道后，收益随大盘波动；历经磨炼后若能克服缺点、发扬优点，收益便会高于常人。

盈亏标准

阶　段	学习摸索	建立体系	稳定盈利
盈　亏	低于大盘	与大盘持平	高于大盘

同时，"因人时"还要注意年龄因素，少年时一人吃饱全家不饿，尚可盲打莽撞；中年时上有老下有小，宜稳健行事；老年时已知天命，可以去留随心、多少随意。

2. 因天时

买卖讲天时，持仓更应讲天时。个股买错天时尚可纠正，但若整仓押错天时，那就船大难掉头啦！曾有朋友跟凭心开玩笑："根本不用什么分仓，牛市全仓、熊市空仓，就是好仓！"，哈哈，虽说有点极端，但也不失为一种策略，而且这种做法还常常大幅跑赢绝大多数投资者，为何？因为天时是投资的首要外在因素（内在是心态）。

怎样因天时？

一要顺大势，这个大势是大趋势、牛熊市，也是股市运动的内在规律。趋势的力量是强大的，倾巢之下没有完卵，站在风口猪会上树。顺对大势，仓位管理事半功倍；顺错大势，仓位管理事与愿违。根据经验总结，各种大势对应的持仓如下表所示。

对应持仓

阶　段	熊市	震荡市	牛市
仓　位	1/3以下	5成左右	7成及以上

熊市保留一点仓位，一是保留长线股的底仓，适时加减，保证交易的连续性；二是为了保持盘感，以便及时发现熊牛转折、介入市场热点。

震荡市的半仓灵活机动，进可攻、退可守，发现苗头不对，可迅速减仓应对，发现行情好转，能快速加仓跟上。当有局部小牛或结构性行情时，还能分上一杯羹、吃上一口肉。

牛市的七成仓是了充分享受晴天的阳光，无论选股能力如何，先把弹药满上，让子弹飞一会儿！

如此，准确判断牛熊就显得非常重要了。让我们先看看 2000 年以后的四次牛熊：

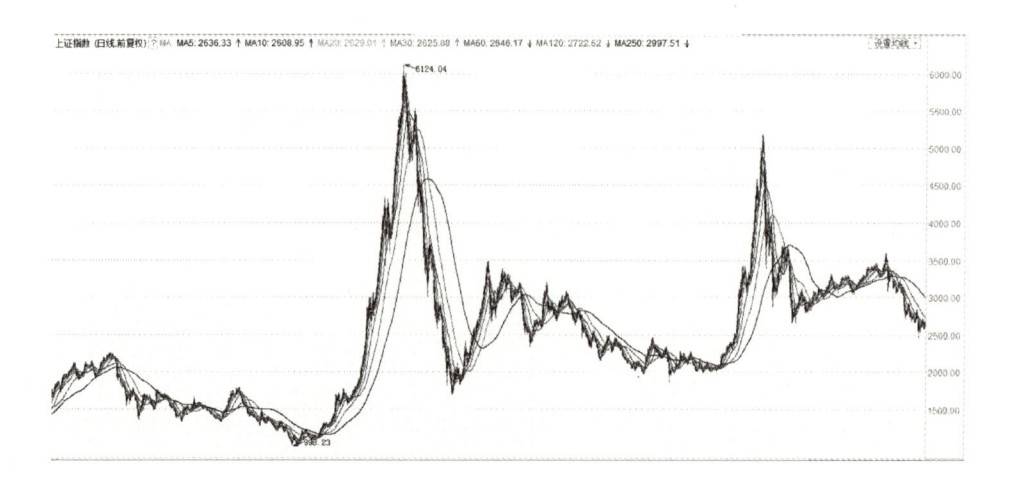

四次牛熊

时间表

时间	牛熊	幅度	时长
1999 年 5 月 ~ 2001 年 6 月	牛	+114%	24 个月
2001 年 6 月 ~ 2005 年 6 月	熊	-55%	48 个月
2005 年 6 月 ~ 2007 年 10 月	牛	+513%	28 个月
2007 年 10 月 ~ 2008 年 10 月	熊	-73%	12 个月
2008 年 10 月 ~ 2009 年 8 月	牛	+109%	9 个月
2009 年 8 月 ~ 2012 年 12 月	熊	-39%	40 个月
2014 年 3 月 ~ 2015 年 6 月	牛	162%	15 个月
2015 年 6 月 ~ 2018 年 12 月	熊	-50%	42 个月

由上可知：①A 股牛熊更替，3~5 年一轮回；②牛短熊长，牛市最短不低于 9 个月，熊市最长不超 4 年；③大盘走势高低起伏、震荡向上，有一定趋势性；

④年线是牛熊分界线，股价站上年线，回踩不破、后市走牛，股价下穿年线，反弹不上、后市走熊；⑤半年线上穿或下穿年线，预示中长期走势反转；⑥A股牛熊与经济状况、国家政策、外部环境密切相关。

牛熊转换虽不是一日而成，没有一个明确的时间点，也无法预知，但把握好以上六点，密切留意时间跨度、波动规律、技术走势、内外环境，你就能从中感受出春江水暖、占据天时！

二要顺国策，炒股要看技术、顺大势，但也要看国策、顺国运。A股历来牛短熊长，但为何2005~2007年的牛市却长于2007~2008年的熊市？因为2008年9月国家推出了四万亿振兴计划力挽狂澜，这就是国策的力量。当年，很多执迷于"大势论"的人还深陷熊市的恐慌不能自拔，但也有不少敢为人先者顺国策而为，勇敢买入，尝到了甜头。

诚然，最让人放心的牛市一定是兼具天时地利人和，"资金充裕、政策支持、经济良好"三要素完备的牛市，但在个人有限的投资时间里，这样的"完美"可遇不可求，而有点缺陷的牛市，只要用心便可捕捉。如，2018年10月刘鹤副总理率"一行两会"就经济金融热点问题接受采访，释放了浓浓的正能量和见底信号。虽然彼时大盘还受中美贸易战等不利因素的拖累，但已经让投资者感受到了明显的暖意——"春天不远了"！

股民需要牛市，国家也需要牛市。健康向上的牛市，不仅能降低融资成本、激活市场活力、促进企业发展，更能提高国民收入、增强国家实力。

所以，"因天时"不仅是"顺大势"，也是"顺国策"。国家一旦出政策、有信号，我们就要及时把握，虽然要承受一些"左侧交易"的风险，但狭路相逢勇者胜，该出手时就出手！

炒股必知名言警句

浓缩就是精华。股市有很多简单的话却蕴含了深刻的道理,经过多年的学习和积累,凭心将股市投资的名言警句编为两个部分,并取其精华与大家分享:

一、经验类

1. 心态第一

在生活中,"性格决定命运"已被人们认可。但在股市,"心态决定胜负"却没引起足够重视。很多投资者对"消息、技术"等乐此不疲,一提"心态"就讳莫如深,这其实是本末倒置。同一只股票、同样的水平,心态好的人会赚,心态不好的人会亏,为何?因为心态是第一技术!

股市买卖的是现金白银,最显人性,也最考验心态。一两天的买卖还可以听消息、凭技术,但一辈子的投资必须有良好的心态。心态不好的表现主要是贪婪和恐慌,"贪心不足莫入此门,胆小怕跌请走别路"是凭心最真心的建议。培养好的心态,请参阅前篇《成功投资者的五颗心》。

2. 听党的话

A 股是一个受政策影响很大的市场,而党是国家大政方针的制定者,听党的话虽然不能保你盈利,但却可以少走很多弯路,甚至获得超过常人的收益。如 2016 年国家推出供给侧结构性改革,煤炭钢铁等受益板块就逆势上涨,大幅跑赢其他板块。听党的话不是一句口号,而要落实在行动上,如"看报纸、听新闻、览时政"要成为每日的必做功课,党喊打就打、指哪打哪。日子久了,你自然明白"只有共产党才能救中国"的真谛。

3. 战胜自己

为什么炒股的人七亏二平一赚？概率！股市博弈，不可能每个人都是赢家，有人说输给了庄家，也有人说输给了 A 股。但庄家无非是利用了你的弱点，股市也有人赚得盆满钵满，90% 的人终究是输给了自己，不认清这点永远无法从亏损中站起来。

战胜自己的关键是从"小"做起（小仓位），形成适合自己的科学的交易体系、养成良好的交易习惯、遵守严格的交易纪律。

4. 相信看到的

眼见为实、存在即合理。很多人喜欢事后诸葛亮，给上涨或下跌找理由，给自己的失误找理由，却不知：理由是事后找出来的，而市场是真实走出来的。市场博大精深，既无法预测、更无法左右。特别是在牛市很多利好会被放大、利空会被忽略；在熊市很多利空会被放大、利好会被忽略，这都是市场的力量。

相信看到的，做好预案、见机行事，走一步看一步才是正确的做法。

5. 无招胜有招

投资需要认真学习，从零开始，一步一个脚印，练好基本功。但投资又不同于普通学习，不能死记硬背、生搬硬套，而要将所学内化为能力，眼中有线、心中无线，手中有股、心中无股，不被 K 线迷惑、不受盈亏迷乱。

很多老股民不知 K 线、不懂 KDJ，光凭多年来积累的"感觉"也能盈利，为何？因为他们已经冲出云雾，无招胜有招。

6. 政策底后市场底

当市场非理性下跌、信心严重涣散，没有止跌迹象的时候，政府或管理层会对应性发布利好消息，通过政策手段来救市（托市），此时形成的阶段性底部称为"政策底"。但历史经验表明，政策底往往不是最低点，股指经过反弹，大概率还会创下新低（做空力量受人为中止，后期仍将释放）。这既是市场规律，也是股市运行的内在规律。作为投资者，应该响应国家号召、相信国家力量，但不能逞匹夫之勇、重仓投机，而应尊重规律、利用规律，顺势而为。

7. 保住本金，重视复利

巴菲特有句名言：第一条是保住本金，第二条是保住本金，第三条是记住前两条。新入市的投资者心里大多只有赚、没有亏，当下跌来临，多是被动挨打，不懂止损，直至深套。要知道，从 10 元跌到 5 元只需 −50%，但从 5 元涨回 10 元却要 +100%。留得青山在不怕没柴烧，投资首先要保证本金安全，没有本金就没有盈利之源。不要总想着追涨停、抓妖股，急功近利容易偷鸡不成反蚀把米。要重视复利，建立科学的持仓战略和操盘方法，细水长流、积少成多。

8. 站在风口，选择龙头

投资就要使本金效益最大化，其要诀在择时选优、优中选强。每一个行业都有属于自己的表演时间，顺时投资能获得跑赢其他板块的收益；每一个行业也有自己的领军企业，选择龙头能获得超过同行的盈利。投资要静中有动，体系要稳、思维要活，用发展的眼光追随市场热点、永站时代风口；投资也要动中有静，持仓可变、方法不变，选择龙头是久经考验的投资方法。

9. 人弃我取，人取我予

炒股要紧随热点、迅速反应，而不是后知后觉、盲目跟风。决定涨跌的是供求，人尽皆知、人尽皆买了的股票还能卖给谁？人太多的地方不要去站，也许就是"天台"；人少的地方也可以看看，也许就有"宝藏"。"在别人恐慌时贪婪，在别人贪婪时恐慌"，这是反人性的，也是一种逆向思维，能克服人性弱点的必有独到之处，必成股市赢家。

10. 远离市场，看得明白

所谓"当局者迷，旁观者清"，整日沉浸在股场拼杀中难免失去理智、陷入布局。如果多次看走眼、走错方向，就要停下来歇一歇、想一想：是个人问题，还是环境问题，是方法不对，还是心态不好？实在想不明白，还可以出去走一走：跟股友们交流一下，到公司实地调研一下……直到找到答案。不要怕耽误了时间，朝着错误的方向，走得越远、错得越多，朝着正确的方向，再晚也会到达终点，慢就是快！

11. 新手套追高，老手套抄底

你是新手还是老手？不问时间、只看喜好：新手喜欢追高、老手喜欢抄底。人天生有弱点，且各阶段重点不一样。年少气盛、年老保守……这些都不可回避，聪明的人会对症下药、扬长避短。知道自己爱冲动，就限制仓位；知道自己太沉稳，就做点长线。认清自己、管住自己，这是投资第一课。

12. 历史不会简单重复，但总是惊人相似

万物相连、道理相通。海有潮起潮落、股有涨跌起伏，炒股这么多年，很多经历都似曾相识，很多走势都如出一辙，何故？因为都要遵循经济运动的基本规律，都是人性博弈的基本体现。大盘虽高低起伏，但有顶可测、有底可探；新题材虽不断涌现，但有迹可循、有例可查。只要勤于总结经验，善于利用规律，就能化繁为简，得心应手。

二、技术类

1. 趋势为王

炒股有很多技术指标，如 KDJ、MACD、BOLL 等都可以作为买卖参考，但最简单又最重要的还是趋势。趋势是一种强大力量，是内外因素共同作用的结果，无论个股还是大盘都要服从趋势。2014～2015年的牛市上涨过程中，大盘日线多次出现 KDJ、MACD 等技术指标顶背离，都没有止住大盘上涨。"政策利好、热情高涨、资金汹涌"等众多因素汇聚成一股强大的多头力量，形成势如破竹的向上趋势。趋势分上下、震荡，有长有短，以"趋势为主、技术为辅"才是上上策。

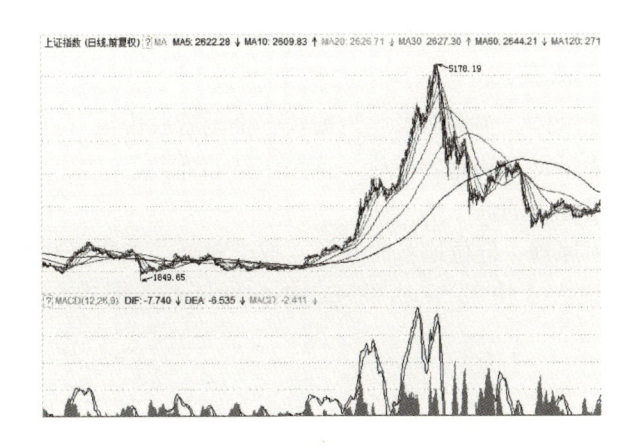

上证指数（1）

2. 逢缺必补

缺口就像一个旋涡，始终吸引着股价。当然，这里的"必"只是个大概率，并不是100%，历史上也出现过低位的高开缺口至今尚未补上，但这些缺口都是由极端政策利好或大势突然反转造成的。而低开的缺口，随着经济发展、时代进步，未来都会补上，只是早晚问题。补得早，如弱势行情（向下趋势）中的高开缺口，强势行情（向上趋势）中的低开缺口；反之则补得晚。

3. 盘久必跌，不破不立

生活中有"一鼓作气，再而衰，三而竭"，炒股则有"盘久必跌"。股价在一个区域盘整时间太长、久攻不破，士气必然受挫。只好学"跳远"，先后退（下跌）、再冲刺（上攻）。从筹码上来说，长期横盘堆积了大量筹码，容易产生分歧，此时若贸然上攻，抛压太大，而先向下甩掉"不坚定分子"，再向上更易突破。这也是"不破不立"的道理，大盘历次低点（998、1664、1849、2449）都不是整数关口（50、00），表面上看难以说清，但综合心理学、筹码学、博弈论分析，击破整数关也是心理关，才能有效打破僵局、提高换手率和市场活跃度，促成新的"生机"（升机），这就是"不破不立"。

4. 多头不死，空头不止

反之亦然：空头不死、多头不止。也有人说：反弹不是底，是底不反弹；还有人说：行情总在绝望中产生、猜疑中成长、欢乐中死亡。其原理都是：物极必反，物极才反。这跟搏斗一样，当一方占据上风，而另一方尚未服输，则弱方的每一次反扑都会遭到强势方的猛烈打击，直至完全击倒。

现实中，我们也经常发现，如果股票群、朋友圈还在叽叽喳喳讨论股票，那大概率还不是底部；如果都鸦雀无声了，那就说明黎明不远了。

5. 横有多长，竖有多高

股市是一个能量体，多空能量此消彼长，推动着股价运行。如果股价在低位区域长期横盘，能量得不到充分释放，就像压紧的弹簧，一旦平衡被打破，爆发出来的威力是相当惊人的。

按照能量守恒原理，低位横盘时间长、成交量低，如果竖起来的时间短、那成交量就要迅猛增大（快牛）；如果竖起来的时间长，那成交量只需温和放大（慢牛）。

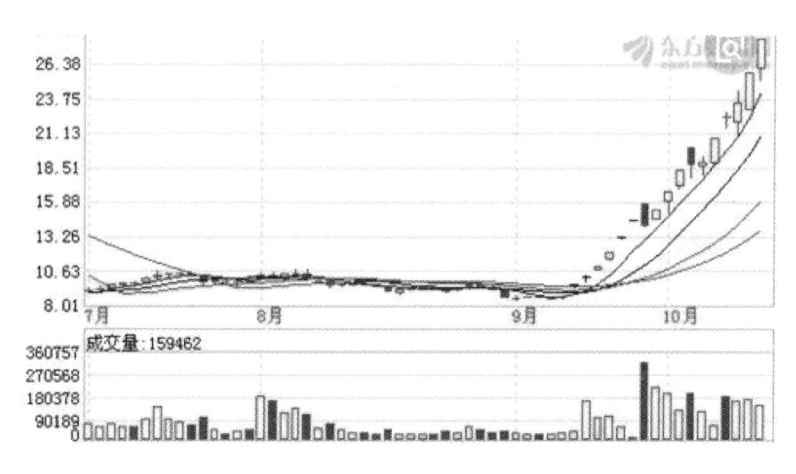

快牛

6. 量能最真，量在价先

从上一条我们可以看出，打破股价平衡的既不是KDJ，也不是MACD，而必须是货真价实的现金白银（成交量）。KDJ、MACD等技术指标都是根据股票走势绘制出来的，只有成交量是推动股价运行的原动力。所以，炒股最真实的、第一要看的指标就是成交量，没有成交量配合的上涨（下跌），要谨防是主力设下的诱多（诱空）陷阱。

7. 量大成头，量小成底

纵观A股历史，我们很容易发现：顶部对应着成交量放大，底部对应着成交量缩小。股民常说的"天量天价、地量地价"反映的也是这种现象，这其实都是物极必反的道理。之所以量大成的是头而不是底，是因为只有在上涨行情中才容易吸引广大散户跟风和追高，当上涨的虹吸效应发挥到极致，将潜在的投资者都吸引进来、"后继无人"时，行情才会戛然而止，而头部成交量显著放大是因为大量新旧筹码的换手，赚得盆满钵满的人清仓出货、刚闻到"牛味"的新手隆重入场。

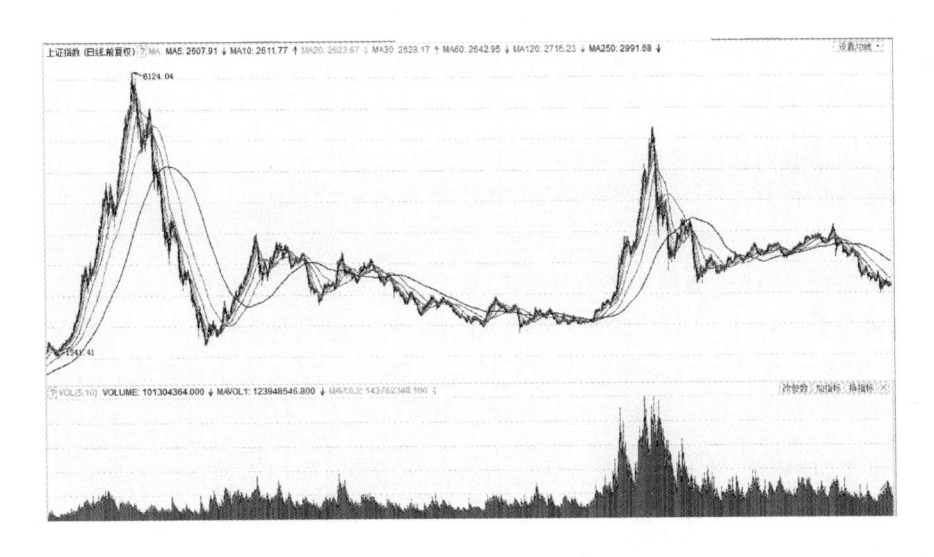

上证指数（2）

8. 涨时看势，跌时看质

我们知道，买股票涨要站在风口、选择龙头，这里的"风口、龙头"就是气势、气场，有气势气场的股票才会吸引人气，人气越大、涨幅越大；而防股票跌要看公司质地是否过坚过硬，摔倒了还可以爬起来，特别是大市低迷的行情

·155·

下，质地坚硬的股票会吸引更多的人抱团取暖，成为股民的避风港，表现得相对抗跌。

掌握了这点，我们在进行仓位管理时就要因时制宜：是牛市，就多配置一些风口浪尖的股票；是熊市，就多配置一些股价低、净资高、业绩好的股票。

9. 高价三日，低价百天

前面我们已经知道股市是一个能量体，也遵循能量守恒定律（成交量×时间＝股票能量）。股价（指数）在顶部的时间短，是因为日成交量大；在底部的时间长，是因为日成交量小。"量大成头、量小成底"主要是让我们学会利用成交量的大小来鉴别头部、底部。而"高价三日、低价百天"主要是告诫我们：看涨，要抗得住诱惑；磨底，要受得住寂寞；逃顶，要当机立断；抄底，要三思而行。

10. 利好出尽是利空，利空出尽是利好

利好或利空是影响股价涨跌的重要因素，但它们是相对的、变化的。利空出尽是"危中有机"，当坏消息接踵而至、坏到极点，投资者历经"恐慌—害怕—痛苦—绝望"，最后丧失痛点、"卧倒装死"，那做空力量也就到了尽头；利好出尽容易"乐极生悲"，当好消息纷至沓来，人们闻"风"而来，就像打了一针兴奋剂，高潮迭出，但一旦风停药止或审"美"疲劳，股价极易坍塌。

散户对"利好利空"的获得滞后、解读粗糙，更要理性看待、冷静对待，要紧密结合利好、利空发布时的股价位置，不在底部盲目杀跌、在顶部盲目追涨。

11. 该跌不跌，理应看涨，该涨不涨，理应看跌

股票涨跌受很多因素影响，其中有一些我们普通投资者看不见、摸不着、说不清的理由。这些理由我们不用打破砂锅问到底，只需做好应对之策。如，一些股票从图形走势、技术分析、消息判断，明明该跌了，可股价就是不跌，此时就应引起重视、密切观察，抓住行情变化的蛛丝马迹，及时介入；而一些股票无论图形、技术都很漂亮，利好消息也层出不穷，但就是股价不涨，此时就要引起警觉、密切留意，谨防主力或庄家借利好做线，骗散户入局。

技巧篇

牛股是怎样炼成的

牛股无处不在、无时不有,其巨大的涨幅给持有者带来了超额利润,其犀利的走势常令踏空者"望牛兴叹"。牛股,就是有这么大的魅力!骑上一只牛股、实现财务自由,这是无数投资者角逐资本市场的苦苦追求。

牛股有快有慢、慢牛成王、快牛成妖,各具特色、各领风骚。要问牛股是怎样炼成的?先让我们按表索骥:

牛股一览
(剔除新股、次新股、重组等因素,截至 2018 年 12 月 30 日)

股票	行业	概念	每股收益(元)	年利润增长率(%)	流通股本(亿)	起步价格(元)	区间涨幅(%)	备注
卫宁健康	软件	独角兽大健康	0.12	44.1	12	6.7	86	2018 年 TOP1
隆基股份	光伏	单晶硅业绩转好	0.60	130	27	9.4	191	2017 年 TOP1
四川双马	水泥	供给侧股权转让	0.65	174	7.8	7.2	276	2016 年 TOP1
特力 A	汽车	国企改革壳资源	0.12	313	2.7	10.0	735	2015 年 TOP1
营口港	港口	"一带一路"证金持股	0.09	5.6	64	0.9	335	2014 年 TOP1
鸿特科技	汽车	特斯拉互联金融	1.0	38	3.7	3.5	1070	近 5 年 TOP1
华夏幸福	地产	雄安新区明晟中国	2.62	26	29	2.2	1146	近 10 年 TOP1
贵州茅台	酿酒	超级品牌明晟中国	19.7	24	12	31.0	1903	近 20 年 TOP1

· 159 ·

乍一看，看不出什么门道，牛股年年有，一代新颜换旧颜而已。细一品，还是有点味道：业绩较好（利润增长双位数）、起步较低（10元以内）、盘子适中，主业突出。多一想，又能悟出更深的道理：行业概念切合走牛时的时代背景；慢牛更重业绩、盘子更大，快牛更重题材、盘子更小……

所以，世间万物皆有其因。一张简单的图表都蕴含了深刻的道理，一只牛股的形成也必然有其内在的规律。那牛股究竟是怎样炼成的？

1. 牛股伴"土"而生

牛股不是凭空产生的，需要孕育它的"土壤"和环境。最重要的"土壤"有两层：时代（中长期）和政策（中短期）。

时代是孕育牛股的中长期土壤，体现的是不以人的意志为转移的社会和经济发展规律。正所谓"识时务者为俊杰"，要成为牛股，首先要顺天时、站风口。如上表，"华夏幸福"之所以能成为近十年的TOP1，正是得益于中国城镇化建设和房地产黄金时代的到来。

政策是孕育牛股的中短期土壤，体现的是国家因势利导、部门协调控制的主观能动性。政策利空则鲜有牛股、政策利好则多产牛股。长期利好政策对应慢牛，短期利好政策对应快牛，重大利好政策对应大牛。2014年第一牛股"营口港"受国家利好政策"一带一路"倡议推动，走出了一年三倍行情；2017年第一牛股"隆基股份"受行业政策调整，走出了一年两倍行情。这两者完美诠释了"有什么样的政策土壤就孕育什么样的牛股"。

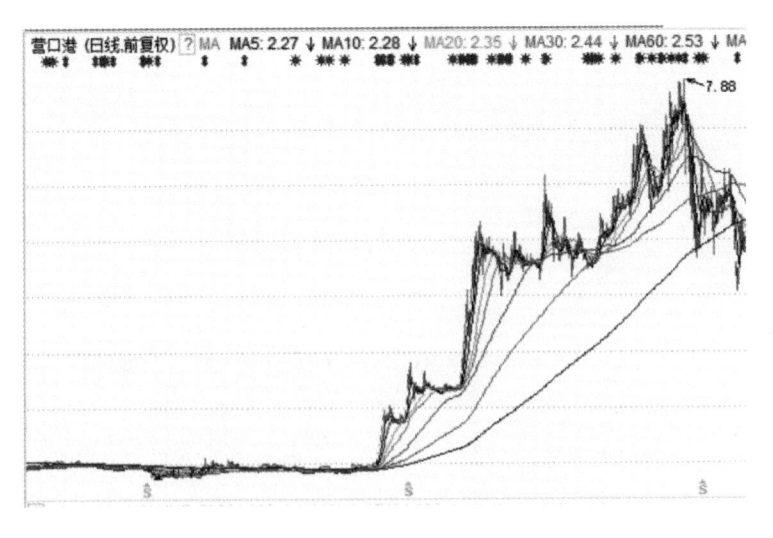

国家"一带一路"倡议催生营口港大牛

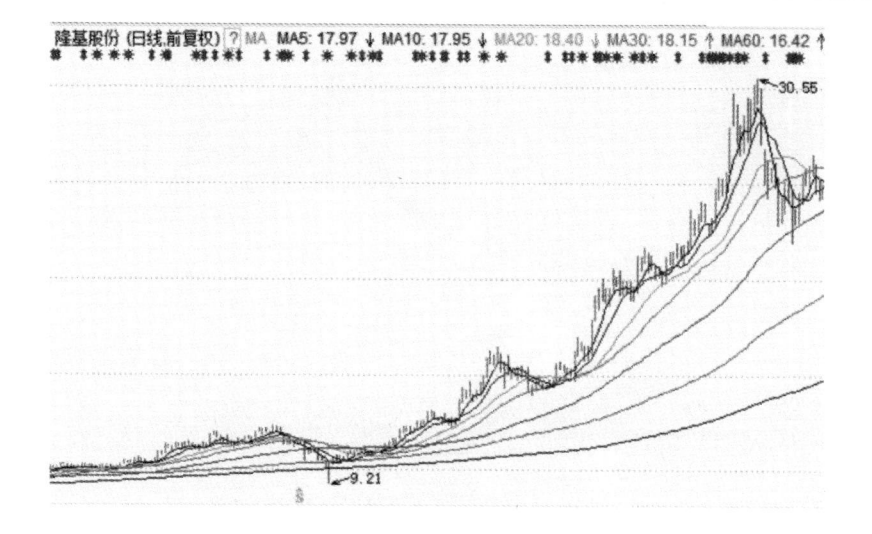

光伏行业政策调整催生隆基快牛

2. 牛股顺"水"而行

趋势是水，牛之俊者、顺势而为。绝大多数牛股的图形是漂亮的、趋势是完美的：均线或多头发散，或进二退一，走势如行云流水、水到渠成；成交量或逐步放大，或错落有致，与股价有序配合、保持活跃。当然，大部分牛股能走出行云流水的走势，多有机构介入、主力坐庄的因素，但与其说这是主力刻意"画"出来的，不如说是他们审时度势、顺势为之。

风格是水，牛之大者、顺风而上。一年、两年的小牛，可伴利好政策而生，可由主力控盘所致。但五年、十年的大牛，必集天时地利人和于一身，融个股走势、市场风格于一体。如，茅台大牛在2017年之前也是走得跌跌撞撞，不甚打眼。但2017年，股市刮起了价值投资大风，以创业板为代表的题材炒作偃旗息鼓，以上证50为代表的大蓝筹却一路向北，茅台借机发力、加速上涨，一举夺得市场明星、二十年长跑冠军。

3. 牛股有"火"相助

资金是火，众人拾柴火焰高。资金是推动股价运行的原动力，买入大于卖出，股价上涨；卖出大于买入，股价下跌。若想成为牛股，必须有源源不断的资金买入。市场资金来源众多，机构、游资、散户……但若有大股东减持、限售股解禁，资金入不敷出，则难成牛股。回顾近几年牛股，贵州茅台、四川双马、特力A等都是全流通。而特力A，之所以能成为2015年股灾的第一牛股，主要得益于市场各路资金拱火相助、薪火相传。

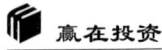

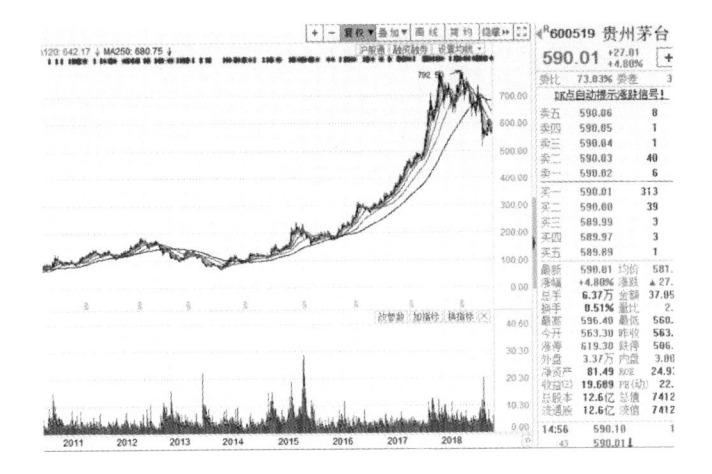

2017 年贵州茅台顺"价投"之风北上

2017 年上证 50 一路北上

2017 年创业板一路南下

2015-09-21 星期一	类型：当日价格振幅达到15%的证券		
	收盘价：37.77元 涨跌幅：9.99% 成交量：1552.24万股 成交金额：55948.58万元		
买入金额最大的前5名			
序号	交易营业部名称	买入金额(万)	占总成交比例
1	华泰证券股份有限公司重庆上清寺路证券营业部	1928.39	3.45%
2	华泰证券股份有限公司厦门厦禾路证券营业部	1920.61	3.43%
3	平安证券股份有限公司深圳深南东路罗湖商务中心证券营业部	445.44	0.80%
4	东方证券股份有限公司杭州龙井路证券营业部	420.76	0.75%
5	华泰证券股份有限公司深圳彩田路证券营业部	375.19	0.67%

2015-09-22 星期二	类型：当日涨幅偏离值达7%的证券		
	收盘价：41.55元 涨跌幅：10.01% 成交量：1638.60万股 成交金额：67234.78万元		
买入金额最大的前5名			
序号	交易营业部名称	买入金额(万)	占总成交比例
1	中泰证券股份有限公司宁波江东北路证券营业部	2646.33	3.94%
2	中国银河证券股份有限公司北京中关村大街证券营业部	1114.16	1.66%
3	广发证券股份有限公司中山兴中道证券营业部	663.61	0.99%
4	中信证券股份有限公司杭州文一西路证券营业部	618.58	0.92%
5	国信证券股份有限公司深圳泰然九路证券营业部	575.93	0.86%

特力A获得市场各路资金持续买入走牛

消息是火，星星之火可燎原。一只股票走牛虽然有其深刻的内在原因，但外部消息的影响也不可忽视。一个馒头可以引发一场血案，一个消息就可以造就一只牛股。据统计，90%的牛股在启动之初，都有与之相关的消息刺激，如一条公告、一则新闻、一个政策等。近五年的第一牛股鸿特科技在2016年前还走势平平，2016年4月突然爆出"成为特斯拉供应商"而引"火"上身，股价连拉三个涨停，开启漫漫牛途。

4. 牛股有"木"相依

板块是木，有板块相依，方能行稳致远。古人云独木难支，一枝独秀虽可实现一家一时之富，但难以维持长期热度、承载长期资金。且木秀于林风必摧之，吃相太狠、中饱私囊会招来监管"垂询"，令市场资金畏而远之。双木方可成林，有板块同行相依、联袂表演，才能吸引更多关注、承载更多资金、维持更久热度。四川双马成为2016年的第一牛股并不是单打独斗，而是有众多兄弟帮衬，如齐翔腾达、银鸽投资等，你方唱罢我登场，让"股权转让"维持了长达两年的市场热度。

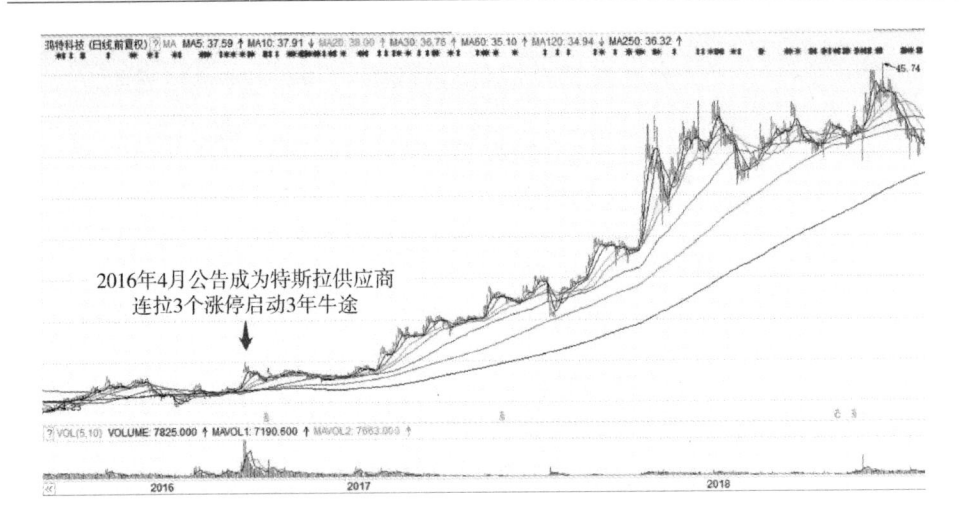

鸿特科技

题材是木,有题材相依,方能枝繁叶茂。俗话说风水轮流转,今年的热门可能是明年的冷门,今天的牛股可能是明天的熊股。资金天然喜新厌旧,要想成为资本市场的常青树,就要有更多更新的炒作"理由",题材就是这个理由。卫宁健康之所以能成为 2018 年第一牛股,不仅是因为它符合时代发展规律、符合国家大政方针,更重要是因为它拥有如独角兽、大健康、国产软件、智慧城市等众多应景应时的新颖题材,枝繁叶茂、左右逢源,获得了市场持续追捧。

5. 牛股以"金"为本

业绩为金,千言万语,不如业绩说话。价值决定价格,消息再好、题材再多,如果不能转化为实实在在的业绩,最终会"从哪里来回哪里去"。如 2015 年靠资金堆出来的牛股特力 A、2016 年靠"股权转让"炒出来的牛股四川双马,如今都回到了起点。但近五年、十年、二十年的王者(分别是鸿特科技、华夏幸福、贵州茅台),都以持续、稳定的业绩,经住了牛熊的考验,保持了良好的、长期的上升通道。

品牌为金,百年老店,胜过黄金万两。品牌是由多年来的质量、信誉、服务等凝聚成的核心竞争力,是具有巨大经济价值的无形资产。在资本市场对应的就是"行业龙头""第一印象",更直白地说就是,买酒就买茅台、买房就买万科……品牌不是一朝一夕树立的,稍有不慎就会功亏一篑,如网络界巨人乐视、疫苗界新贵长生,好不容易打造的资本大厦,都因赖账、造假等品牌问题轰然倒塌。

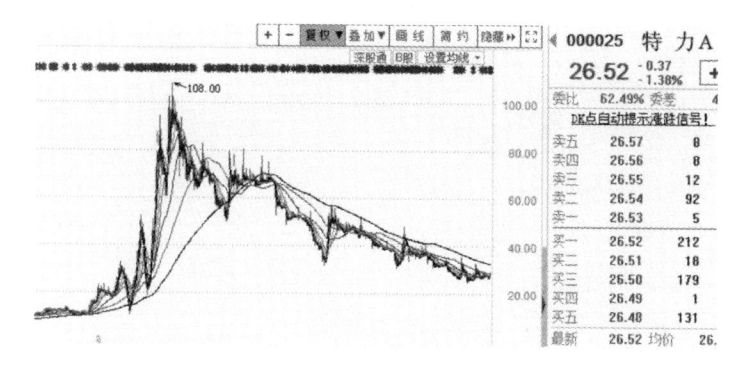

特力 A

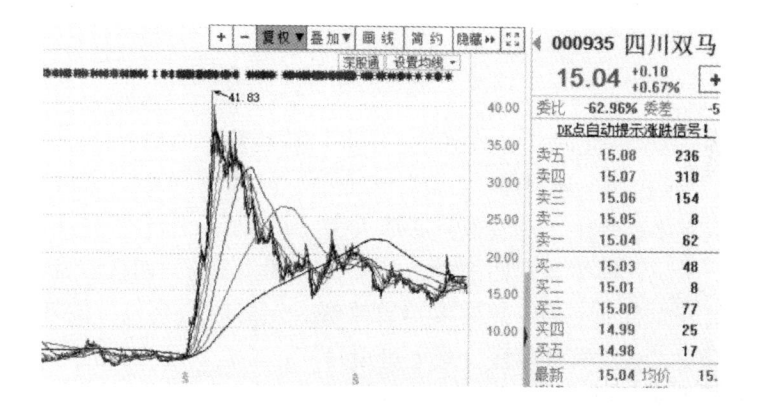

四川双马

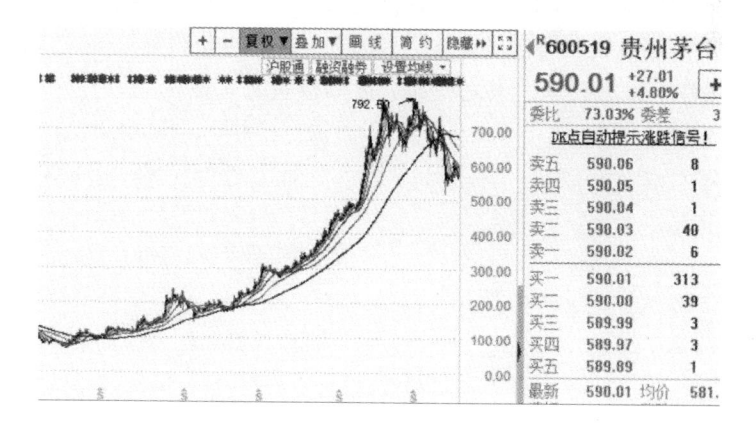

贵州茅台

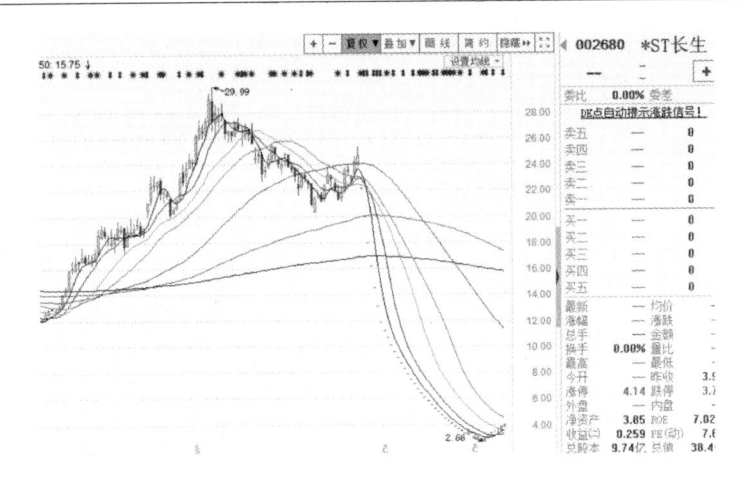

*ST 长生

综上所述，"土"生时代、政策牛，"水"顺趋势、风格牛，"火"助资金、消息牛，"木"推板块、题材牛，"金"铸业绩、品牌牛，大小不一、长短不同。具其一者可成小牛、短牛，五者兼具必成大牛、长牛。

从操作上来说，擒牛要弹四部曲：一看、二想、三骑、四落。看，要稍安勿躁，要涨十倍，先看涨一倍；想，要运筹帷幄，定好时间仓位，做好盈亏准备；骑，要随机应变，买卖有理有序、资金进退自如；落，要适可而止，败不赌匹夫之勇，胜不贪鱼尾之利。

从哲学上来说，牛股的形成非一日之功，是量变引发质变的结果，发现它需长期跟踪、细心观察；牛股的炼成非一己之力，是内外因共同作用的结果，骑稳它需抓住"业绩"牛头、巧借"题材"之鞭；牛股的获得非一定之规，体现了偶然性和必然性，得之我幸，失之我命，此乃投资之正道也。

熊市应该如何应对

我国股市历来"熊长牛短",牛市不过一两年,熊市常常五六年。漫漫熊市曾给无数投资者造成了难以磨灭的身心伤害,人人谈熊色变。但有牛必有熊,这是资本市场的必然规律,躲不过也逃不掉,关键看如何应对,而应对的前提又是准确识别。

一、熊市四阶段及其特征

根据历次牛熊变化的经验来看,熊市通常会经历四个阶段:急跌、反弹、震荡(分化)、磨底。

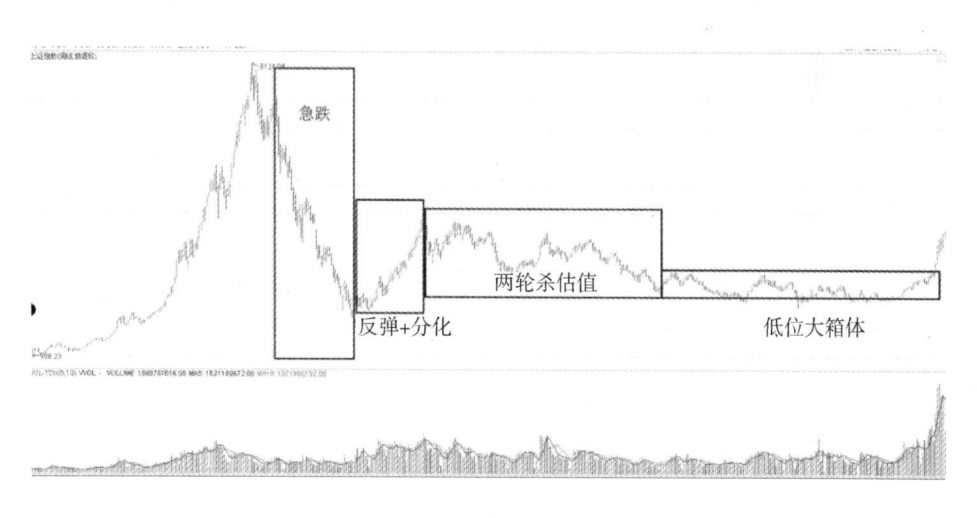

上证指数

· 167 ·

1. 急跌

这是大盘见顶后的暴跌阶段，特点是速度快、跌幅大，短期跌幅可达20%（从高点下跌20%是技术性转熊的标志），中期可超50%，而且几乎是所有个股一起跌，同步性高。急跌的前半段投资者往往手足无措、去留各半，后半段极度恐慌，争先恐后离场，容易造成踩踏。

2. 反弹

这是暴跌见底后的快速反弹阶段，特点是速度较快、幅度较大，从最低点算起可有30%~50%的涨幅。此阶段既有牛市归来的假象，也有减亏、止损和逃跑的机会，有些个股甚至会创出新高。但大多数投资者尚未从暴跌的恐慌中挣脱出来，往往要等到反弹过半，才会将信将疑的抄底或补仓，从而陷入熊市中后期的煎熬。

3. 震荡

这是反弹之后的分化期，特点是时间长、幅度小、个股差异大。大盘起起伏伏、震荡向下，个股分化严重、表现迥异。部分成长股、题材股、防御品种演绎"结构性牛市"，如2015~2018年熊市的医药酿酒、锂电池、黄金等。因市场缺乏增量资金，其他个股大都随波逐流、反弹乏力。投资者在此阶段恢复了部分"元气"，乐于交易，但多数收效甚微。

4. 磨底

这是熊市末期的出清阶段，特点是"温水煮青蛙"，时间较长、幅度不小。大盘持续向下探底，跌幅不一定很大，但个股普遍阴跌不断，好的大幅补跌、差的只有更低，杀伤力不亚于第一阶段的暴跌，给人的感觉是暗无天日，许多投资者含泪离场，将肉割在地板上。

总体来看，熊市的第一阶段和第四阶段是通杀、力度大，要尽量躲避。第二阶段有获利机会，但转瞬即逝，宜快进快出、适可而止。第三阶段有结构性行情，可抓住主题、选择性参与。

二、熊市各阶段应对策略

1. 割

这是熊市第一阶段的最佳应对办法，但也是最反人性的办法。割自己的肉，非常人所能忍，但长痛不如短痛，及时、及早下刀，既能避免后续大幅亏损，又能躲过漫漫熊途的煎熬，虽然不易，但实属上策。而且，少亏为赢，只要本金还在、必有东山再起之日。

关键是，什么时候割？一是大跌之前割，二是急跌反弹后割。如果是大跌之前割，那就既要盯紧大盘指数，又要充分考虑个人情况。一般来说，大盘从顶点下跌20%即转入技术性熊市，场内投资者就应离场观察。如2007~2018年的两次牛转熊，初次下跌20%（6100-4800，5100-4000）都给出了很好的逃跑机会和时间；个人持股不同步于大盘的，应结合心理承受、仓位占比、盈亏情况等因素设置合理的止盈止损位，通常也以15%~20%为限。

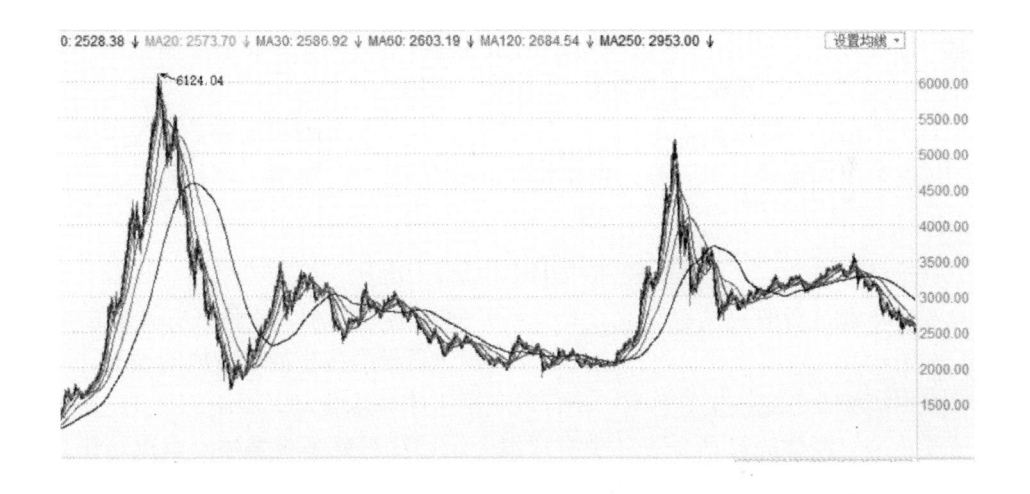

牛转熊

如果是急跌反弹后再割，就要提前做好功课，密切留意技术走势。一般来说，整数关口（图中3500点是两次急跌反弹的顶点）、重要阻力位（年线、半年线、趋势线）、黄金分割点（0.618和0.382）等都是急跌反弹割法的较好时机。

当然，割还要讲究章法。前提是判断准确、要诀是当机立断。既可以一次性退出，也可以逐步退出，但切不可犹豫不决、心存幻想，必须有行动、有计划、有原则。

2. 换

这是熊市第二阶段、第三阶段的常见应对办法。正所谓，涨时看势、跌时看质，牛市中涨得最好的当然是集天时地利人和于一身的主流热点板块，从几元涨到几十甚至上百元，股价高高在上。但熊市通杀，股价越高摔得越重，股价越低摔得越轻。如果因循守旧，抱着"牛股"等解放，恐怕会"白了少年头空悲切"。"熊"就要有个"熊样"，"皮厚毛粗、位低质坚"的个股进可攻、退可守，是熊市的最佳选择。

怎么换？如前所述，主要有三种方法：留强换弱，选择强势板块和个股，换掉弱势板块和个股；留低换高，同等市盈率留价位低的，同等价位留市盈率低的，同价位和市盈率，选择成长性更强、发展空间更大的；留长换短，选择符合经济发展规律和国家政策支持的长线板块和个股，换掉短线炒作的题材个股。

同时，还要把握好换的时机和节奏。熊市第二阶段主要是急跌反弹，最好选择主打先锋，如2009年"四万亿"催生的大反弹，基建类个股扛起了大旗；熊市第三阶段主要是震荡分化，最好因时选择结构性热点，如2010年的稀土、2012年的航天军工、2016年的供给侧、2017年的锂电池等。

对于熊市第一阶段没来得及"跑"，以及"闲不住"的投资者，在熊市的反弹和震荡阶段如果"换"得好，也能获得超过他人的相对收益，尽早解套。

3. 补

这是熊市第二、三、四阶段都可以用到的应对办法，但前提是还有现金。很多投资者特别是新股民动辄全仓，真正到了底部遍地黄金、股价贱如白菜的时候，却因没钱补仓而错失良机，这都是没有制定科学的持仓战略造成的被动。没钱补也不能听天由命、坐等解套，还可以利用T来争取主动，至于怎么T，在前文《卖出一只股票的三种方法》中有详细介绍，这里就不再赘述。重点是什么时候补、如何补？

补仓既要有定性指标，又要有定量指标。定性，就是确定什么阶段、什么股票可以补，什么不可以补。一般来说，急跌阶段不能补、磨底阶段不宜补，熊市中的冷门股、弱势股、高价股、垃圾股不可补。而反弹阶段的先锋股、震荡阶段的热点题材股可以伺机补仓、适时高抛，摊低成本。定量，就是补多少、怎么补，通常在定性的基础上，结合所持个股的盈亏实况，采用金字塔补仓法，关键要严格执行、及时纠错。具体方法请参阅前文《散户必备持仓战略》。

4. 捂

这是熊市第四阶段最经典的应对办法。好不容易经历了熊市第一阶段的割，第二阶段、第三阶段的换和补，连滚带爬、遍体鳞伤，但熬不过第四阶段的却大有人在，为何？因为第四阶段的"磨"是最诛心的，不但时间长，杀伤力还不小，一般人都扛不住它。虽然"何时见底、何处是底"无法准确预知，但此时再割，踏空的风险、割错的痛苦比"磨"更难受！换？补？亦不可，没有十年功底，你怎能在暗无天日的阴跌中判断出，谁还会跌得更多、谁又会是未来的王者？

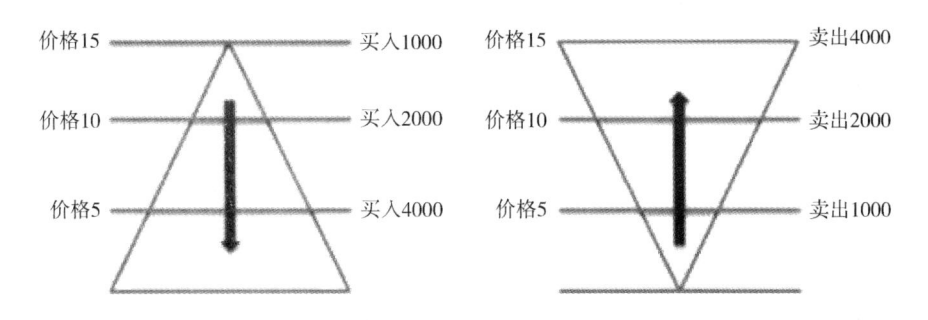

买入与卖出

  磨底阶段，唯"捂"独尊。一要捂出"战略定力"，任其风吹浪打，我自岿然不动。割，已没有意义；补，也没有把握。在容易出错的时候，没有行动就是最好的行动。底部时光，偶尔也会有个别板块表现惹眼、少数妖股卖弄风骚。如果这时还扛不住诱惑、耐不住寂寞，吃着碗里的、看着锅里的，很可能被左右打脸。二要捂出"战略眼光"，一朝卧薪尝胆，只为他日吞吴。底部捂股，股虽不动，心却要动。要眼观六路、耳听八方，冷静思考思考未来投资方向，提前做好战略布局，本着"捂长不捂短、捂好不捂差、捂新不捂旧"的原则，为长线投资、价值投资打下坚实基础。

  面对熊市，没有人能谈笑风生、轻松应对。道理很简单，方法也不少，但真正做起来却真的不容易，关键是人性的弱点深深影响着我们的决策和执行。所以，再高的技巧也要回到原点，从"心"开始。若实在无法从容应对熊市，请您再读首章《心法篇》。

值得布局的超赢板块

人们常说：炒股炒预期。预期是什么？预期就是未来，未来什么好？有人说教育，百年大计、教育为本；有人说医药，健康是"1"、其他是"0"；有人说人工智能，解放全人类……似乎都有各自的理由，到底什么好，我们以史为鉴，可以知兴替。

2005~2007年牛市的领涨板块是有色金属，江西铜业两年涨幅超70倍，2014~2015年牛市的领涨板块是"一带一路"，中国中车半年涨幅超10倍。

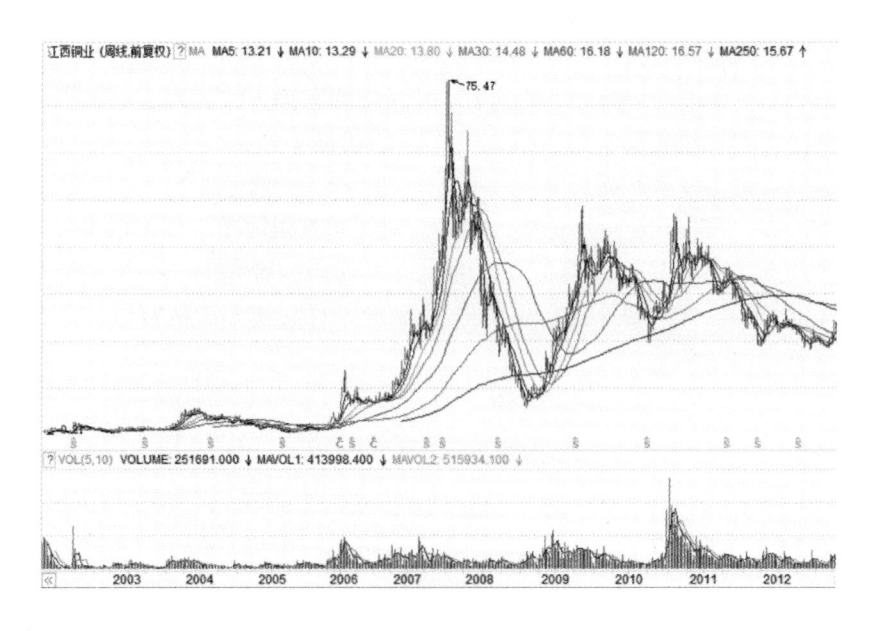

江西铜业

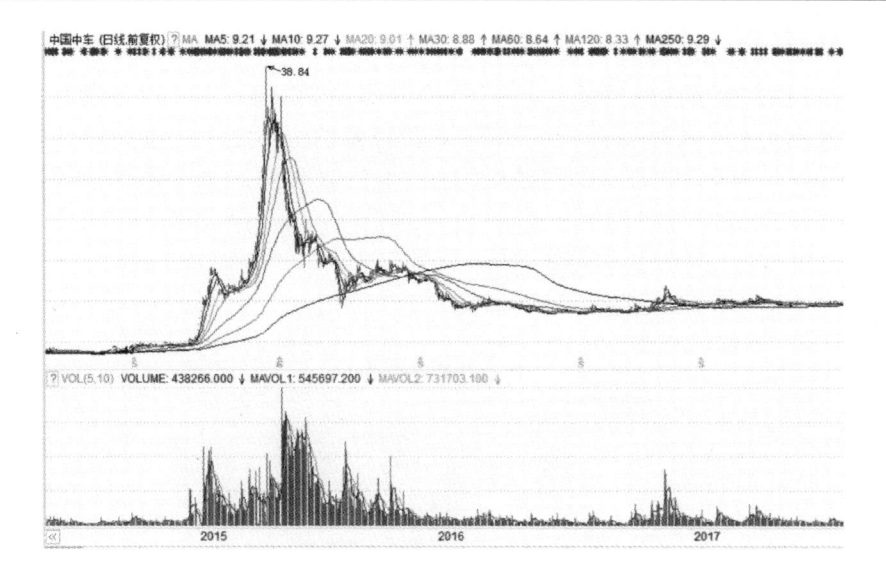

中国中车

通过这两轮牛市，我们发现领涨的板块都打上了鲜明的时代烙印：2007年全球大宗商品疯涨、制造业兴盛，促成了有色金属板块走牛；2015年中国对外推出"一带一路"、自由贸易，对内推行公路铁路提速、海运航运提质，促成了"一带一路"板块走牛。

年年岁岁花相似，下一轮牛市的领涨板块也必然是符合时代发展规律、受到国家重点支持的行业，而且是对其他产业有引领带动作用、影响重大深远的行业。岁岁年年人不同，下一轮牛市的领涨板块大概率不会再是旧面孔，而应该是既具紧迫现实性，又富无限成长性，新社会、新时代的新兴行业：

1. 新能源（超赢指数★★★★）

入选理由：能源是经济发展和社会运转的动力源泉，也是资本市场永不衰落的主题。传统能源行业如煤炭、石油，因受存量和污染的影响已日薄西山，新能源行业因其经济性、环保性，日益受到各国重视、资本青睐，正处于欣欣向荣的投资发展之中。

优选标的：新能源有很多细分行业，可再生的如风能、氢能、太阳能、地热能，不可再生的如天然气、页岩气、可燃冰。这么多当然不能眉毛胡子一把抓，最好的办法是结合行业普及的程度、应用的广度、开发的深度、未来的高度，各选其一：

不可再生的选天然气。天然气是优于煤炭石油的清洁能源，近年来受"煤改气"影响，我国天然气需求量迅猛增长，2007~2017年生产量的复合增长率为7.89%，而消费量的增长率为12.96%，对外依存度高达40%，冬季经常发生气荒。国家已将天然气列入了"十三五"能源体系的主体之一，到2040年，中国将超越美国成为全球主要天然气消费国，这意味着未来20年，我国的天然气消费量将增长50倍！

受行业发展预期和国家政策支持，以下天然气生产、管网、储运、销售等企业的相关利润将获得成倍增长：

行业及受益企业

位置	细分行业	受益企业
上游	天然气开采	中国石油、中国石化、新奥股份、广汇能源、洲际油气
中游	天然气管道	陕天然气、国新能源、金鸿能源
	LNG运输	厚普股份、富瑞特装、恒通股份
	LNG接收站	新奥股份、广汇能源
	储气库	厚普股份、富瑞特装
下游	工业燃料	昆仑能源（港）、富瑞特装
	城镇用气	昆仑能源、新奥能源（港）、国新能源、金鸿能源
	交通运输	新奥能源、中天能源、国新能源

可再生的选氢能源。氢能源被世界公认为21世纪最具发展潜力的清洁能源和终极能源。它来源广泛，通过大气、水解都可获得；环保清洁，生产和利用过程无污染；损耗少、效率高、用途广，既可以用于生产生活，还可以用作燃料电池。

我国近年来制定了一系列的氢能开发利用规划，到2030年将建成加氢站1000座（目前7座）、燃料电池车200万辆（目前2000辆）。同时，国家还制定了燃油车禁售时间表，并给予燃料电池车高于其他动力电池车的行业补贴，氢能源行业及相关企业将受益明显。

氢能源企业

所属概念	相关企业
产氢运氢	华昌化工、富瑞特装
电解质、催化剂	三爱富、巨化股份、贵研铂业
电池电机	大洋电机、雪人股份
整车应用	金龙汽车、上汽集团
参股受益	同济科技、江苏阳光、长城电工、新大洲A

2. 新材料（超赢指数★★★★）

入选理由：如果说能源是血液，那材料就是经脉。我们生产生活的一切原料和产品都是由各式各样的材料组成，以前我们更多的是粗糙利用自然资源、矿产原料。随着科技进步，我们正在加大新型材料的开发应用，并将其列入七大战略新兴产业之一，未来对水泥石灰金银铜铁等传统材料的替代空间巨大。

优选标的：新材料主要分为新型功能材料、先进结构材料、高性能复合材料三大类。我们结合目前的实际情况，从效率性、广泛性、稀有性出发，选出两种新型材料重点布局：

一是石墨烯，一种二维晶体，2010年的诺贝尔物理学奖才将其带进人们的视野，是目前世上最薄最坚硬的纳米材料，具备极佳的导电性、导热性、透光性和抗菌性，广泛应用于电子、航天、光学、储能、生物医药、日常生活等多领域。专家评价：如果说20世纪是硅的世纪，那21世纪就是石墨烯世纪。

相关个股：方大炭素、宝泰隆、东旭光电、烯碳新材、德尔未来、华丽家族。

二是稀土，17种镧系元素氧化物的统称，是极其重要的战略资源，富有"工业维生素"的美称，在石油化工、冶金纺织、陶瓷玻璃、航天军工、电子电器等领域都有广泛应用，特别在发动机等精密仪器上起着至关重要、不可或缺的作用。

欧美日韩等发达国家稀土储量虽然不低，却"吝于"开采，而从我国大量进口，且恶意打压价格，造成了我国稀土资源的低价流失。鉴于稀土的重要性和稀缺性，我国已经对其进行战略收储，严控开采出口，规范行业秩序，后市价格将持续看好。

相关个股：盛和资源、中科三环、北方稀土、五矿稀土、广晟有色、有研新材、厦门钨业。

3. 新技术（超赢指数★★★★★）

入选理由：从纺纱机到蒸汽机、内燃机、计算机，每一次技术创新都开创了一个新的时代，诞生了一个世界强国。当代中国要实现弯道超车，中华民族要实现伟大复兴，只有依靠技术创新。新技术涵盖方方面面，有生物、通信、航天、海洋、环保等，而当下正值信息时代、网络时代，最重要的技术创新就是通信、网络、计算等技术的创新。

优选标的：近年来，5G、云计算、量子通信、人工智能等日益成为世界各国关注的焦点，也日渐成为综合国力角逐的重点。这些行业事关科技制高点、规则制定权，紧系国家安全和社会效率，指引未来发展和前进方向，必须抢抓机

遇、抢占前沿。结合中国现有基础和优势,可重点布局两种新技术:

一是 5G 技术,即第五代移动通信技术,是第四次工业革命的核心基础设施,具有高传输速度、超低时延、海量连接、驱动万物互联的能力,车联网、物联网、智能家居等先进技术只有在 5G 落地后才能起航。

中国目前的 5G 技术处于世界前列,拥有中兴、华为及三大运营商等核心骨干企业。按照规划,5G 技术将于 2020 年正式商用,2035 年行业产值将达到 12.3 万亿美元,提前布局以下相关企业正当其时:

5G 产业链细分子行业

材料		设备/网络		终端	
芯片		基站		数据通信终端	
华为海思 MTK	大唐电信 展讯	中兴通信	华为	中兴通讯 烽火通信 小米	华为 OPPO/Vivo
		传输设备			
光模块		烽火通信	中兴通信		
光退科技 中际旭创 博创科技	天孚通信 新易盛 大辰光	网络工程		多媒体终端	
		华为 紫光股份 烽火通信	中兴通讯 赛特斯 星光锐捷	乐视网	鹏博士
				ODM/OEM	
射频器件				特发信息 凯乐科技	卓翼科技
大富科技 春兴精工	ST 凡谷	网络优化			
		超讯 富春通信 邦讯技术 三维通信 宣通世纪	海能达 亿阳信通 世纪鼎利 日海通信 光环新网	运营商	
材料				中国移动 中国电信	中国联通
生益科技	飞荣达				
铁塔				物联网	
中国铁塔	梅泰诺			高新兴 宜通世纪 旋极信息	移为通信 东土科技 航天信息
天线		小基站			
麦捷科技	信维通信	邦讯技术 京信通信	日海通信		
光纤光缆				车联网	
菲利华 亨通光电 烽火通信	长飞光纤 中天科技 通鼎互联	配套		盛路通信 国脉科技 华力创通	四维图新 路畅科技 中海达
		科信技术 日海通信	新海宜		

二是人工智能,其本质是为了研制出具有人类智能的机器,来模拟、延伸和拓展人类的理论、方法、技术和能力,该领域包括机器人、语言和图像识别、语言处理和专家系统等,涉及信息、自动、控制、仿生、逻辑等多门学科,是引领

未来的战略性技术。世界主要发达国家都把人工智能作为提升国家竞争力、维护国家安全的重大战略。对于中国而言，人工智能的发展对于缓解人口老龄化压力、应对可持续发展挑战、促进经济结构转型升级都至关重要。2018年10月，高层就人工智能发展现状和趋势举行第9次集体学习，习近平总书记指出人工智能是新一轮科技革命和产业变革的重要驱动力量，具有溢出带动性很强的"头雁"效应。到2020年，我国人工智能核心产业规模将超1500亿元（目前700亿元），带动相关产业规模超1万亿元。显而易见，未来两年内，人工智能相关行业必将发生质的飞跃。

人工智能概念股解析

科大讯飞	讯飞开放平台是全球首个开放的智能交互技术服务平台，致力于为开发者打造一站式智能人机交互解决方案
昆仑万维	子公司香港昆仑万维出资300万美元与其他方共同成立昆仑人工智能科技公司，致力于为企业提供人工智能与大数据技术的行业解决方案
江南化工	持有北京光年12.62%，致力于人工智能深度学习的语义理解和认知计算技术的研发和场景应用，研发图灵机器人大脑云服务平台
科大智能	搬运机器人、焊接机器人
三丰智能	传输机器人，致力于为客户提供智能输送成套设备的解决方案
川大智胜	飞行模拟器、塔台视景模拟器，拥有三维全脸照相机和三维人脸识别技术
奥飞娱乐	计划投入20亿元研发包括智能机器人、可穿戴手表等智能终端；同时还战略投资法国蓝蛙、图灵机器人等顶尖机器人公司
巨星科技	服务型机器人（检测、维修），拥有智能装备领域的核心技术，将有效推动国内包括移动机器人在内的各类智能装备产品的产业化
博实股份	医疗、环保机器人
楚天科技	研制成功国内首台医药无菌生产智能机器人，启动了无菌生产智能机器人、可穿戴外骨骼机器人、智能医疗机器人和智慧医药工厂的研发
GQY视讯	服务型机器人
巨轮智能	工业机器人，自主开发的机器人本体及智能化生产线已经成功运用到了现有轮胎模具关键零部件的加工生产线中
慈星股份	控股子公司盛开互动主营智能交互与虚拟现实技术及产品研发
东方精工	搬运机器人、参股20%的嘉腾机器人
东方网力	计划14.23亿元拟投入视频大数据及智能终端产业化项目，1.57亿元拟投入智能服务机器人项目

续表

高乐股份	子公司掌握了人工智能机器人的全部核心技术,实现了智能机器人能100%感知和理解顾客的话语
高新兴	开发了人工智能产品,其中公司子公司尚云在线重点打造的智能巡逻机器人已投入市场
汉王科技	人脸识别、OCR识别,专注于以模式识别为核心的智能人机交互技术应用
和而泰	公司的C-life新一代互联网大数据平台已对外发布,包括大数据存储与处理中心、人工智能与商业智能中心、大数据服务平台与开放式接入平台
骅威文化	与华南智能机器人签署战略合作协议,就人工智能机器人(工业机器人和服务娱乐型机器人)项目的研发及产业化生产等方面展开战略合作
机器人	工业机器人技术已达到国际先进水平,机器人单元产品已进入汽车整车、零部件等工业机器人的主要应用行业
佳都科技	现金出资5000万元并持有云从公司27%的股权,布局人脸识别业务,加快人工智能商业化应用的进程
金自天正	国内率先在自动化领域应用人工神经元网络等智能控制技术的企业,自主开发了人工神经元网络开发平台
京山轻机	定增募集资金8亿元,用于提升公司传统业务的自动化、智能化水平,并大力发展机器人及人工智能业务
科远股份	清洗机器人,以工业机器人运动控制器、自主研发的PLC、伺服、变频器等产品为基础,提供智慧工厂改造业务
蓝色光标	获得上海智瑧网络的20%股权,该公司拥有具有核心专利技术的人工智能信息交互平台"小i机器人",小i机器人是中国最大的智能机器提供商
联络互动	智能硬件、VR视网膜眼镜、有戏行业虚拟现实操作系统
赛为智能	国内最专业的智能化系统解决方案提供商之一,拥有全自动化智能电网、人脸识别
沈阳机床	智能机床研发、制造,研制出我国第一台由机床制造商自主开发的数控系统
四川长虹	推出的人工智能电视长虹CHiQ(启客)是具有自适应能力、自学习能力、自进化能力的人工智能电视
天奇股份	工业机器人,智能自动化系统工程的设计、制造、安装和管理
远大智能	服务型机器人(打磨)
长高集团	收购国内领先图像识别企业金惠科技,拓展图像识别技术在机器人领域推广
振芯科技	人工智能视频系统(AIVS)产业化项目拟投入1.6亿元
中科曙光	与北京中科寒武纪签署战略合作协议,将在人工智能领域展开深入合作
紫光股份	占股紫光优蓝20%,是国内领先的家用智能机器人研发销售公司

4. 新消费(超赢指数★★★★★)

入选理由:随着综合国力和人均收入的提高,到2020年,中国将超过美国成为世界第一大经济体和消费市场，经济增长将从依靠投资、出口拉动向依靠消费拉动转变。与老一辈"存钱族"的基础消费（吃穿住行）相比，新生代"月光族"更多的是追求"文化娱乐、健康教育、科技信息"等体现个性和高端的新消费。"双11""双12"等中国特色节日是我国新型消费市场潜力巨大的佐证。从股票属性来说，消费行业攻防兼备，是诞生慢牛和黑马的集中营，值得重点布局。

优选标的：随着生产力和科技水平提高，社会产品极大丰富，人们消费的差异性很大，既有产品、也有服务，既有物质层面的、更有精神层面的。结合消费内容的重要性、必要性、时代性和成长性，我们应该将布局的重点放在以下三个方面：

一是医疗健康，这是最基础、最重要的。随着人均寿命的提高和老龄化社会的到来，人们将消费更多的医药、医疗、健康相关的产品和服务，受益的上市公司有很多，我们可以划出六条主线按图索骥。

医疗健康相关企业

所属概念	相关企业
基因测序	华大基因、贝瑞基因、中源协和、达安基因、誉衡药业、基蛋生物
医疗器械	万东医疗、乐普医疗、鱼跃医疗、蓝帆医疗、科华生物、迪安诊断
生物疫苗	华兰生物、天康生物、莱茵生物、天坛生物、智飞生物、海王生物
创新药	贝达药业、仙琚制药、天士力、泰格医药、昭衍新药、药明康德
抗癌药	复星医药、恒瑞医药、丰原药业、安科生物、四环生物、海欣股份
中医药	葵花药业、太极集团、云南白药、片仔癀、以岭药业、康美药业

二是文娱传媒，这是受众最广、市场最大的。越学越高的教育、越看越好的影视、越玩越乐的游戏、越游越远的旅行……从小到大、从老到少，人人享有、不可或缺。在全球第一的市场支撑下，我们完全有理由相信，东方的"好莱坞""哈佛牛津"将从下列企业中诞生。

文娱传媒相关企业

所属概念	相关企业
文化教育	新南洋、威创股份、陕西金叶、全通教育、拓维信息、立思辰
影视传媒	万达院线、华策影视、光线传媒、华谊兄弟、华录百纳、北京文化
网游手游	完美世界、中青宝、游族网络、奥飞动漫、掌趣科技、巨人网络

三是军民融合,这是潜力最大、爆发最强的。我国军队有很多高精尖的产品和服务,如北斗导航系统、大疆无人机等都处于世界前列。国家审时度势地提出军民融合战略,就是要将军队的优秀产品为全民服务,将单一消费市场转变为全面消费市场,激发我国甚至全球军工产品消费市场的潜力和活力。

军民融合相关企业

所属概念	相关企业
芯片	北方华创、紫光国微、华工科技、海特高新、上海新阳、中科曙光
大飞机	中航飞机、中航机电、洪都航空、航天通信、宝钛股份、新疆众和
北斗导航	中国卫星、北斗星通、四维图新、超图软件、海格通信、华力创通

几个无风险套利机会

投资有风险,那对稳健和保守型投资者来说,有没有无风险套利或低风险高收益的可能呢?答案是肯定的,而且不止一种。下面,凭心给大家介绍几种常见的无风险套利方法:

1. 申购新股

什么是申购新股在前篇《股票账户十大功能》已有详细介绍,这里我们再重点讲讲如何提高中签率?理论上来说,中签就像买彩票,讲的是概率、中的是运气。但在实际操作中,还是有一些技巧和方法可以提高中签率的:

(1) 有新必打。有些投资者常因为工作忙或突发事件忘记了申购新股,天意弄人的是,天天记得的不一定中,漏掉的一天可能就是"大奖"。好在很多券商都新增了微信提醒功能,只要将证券账户与微信绑定,就会自动提醒"一键打新",2秒钟的时间即可工作、打新两不误。

(2) 顶格申购。每只新股都设置了申购上限,要想提高中签概率,当然是能申购多少、就申购多少,也就是顶格申购。但顶格申购必须有足够的、相对应的沪深两市的股票市值,按照目前的新股发行情况,如果你有200万元左右的股票市值,一般都能顶格申购每只新股。

(3) 定时申购。理论上,交易时间内的任一时间点申购,中签的概率都是均等的。但根据现实经验和有关统计,上午10:00~11:00、下午1:00~2:00是中签概率较大的两个时间段。实在不方便的,也可以选一个自己方便的时间定时申购,不要变来变去,这跟买彩票守号一个道理,精诚所至、金石为开。

(4) 六四配比。根据经验,沪市发行的新股一般比深市的盘子大,需要更多的市值才能顶格申购。故在持仓比例上,要适当多配置一些"6"字开头的股票,沪深两市比以6:4为宜。

(5) 多点撒网。根据现行规定,一个人最多可以开立3个证券账户(不同的证券公司）。如果资金量大，最好分散在不同的账户里参与打新，广撒网、多捕鱼。在合法合规的前提下，还可以发动家庭成员多开户，账户越多、中签概率越大。

2. 国债逆回购

国债逆回购，本质上是一种短期贷款，即你把自己的资金借出去，到期返还并获得固定的利息收益。国债逆回购的安全性等同于国债，但流动性、短期收益率却远超国债。

（1）品种。各有1、2、3、4、7、14、28、91、182天等不同期限的9个品种。沪市的代码是204+天数，如1天期的204001、182天期的204182；深市R-天数，如1天期的R-001、182天期的R-182。

（2）操作。跟股票买卖相似，但申报方向相反，是"卖出"。资金也有限制，沪市10万元起，及10万元的整数倍，深市1千元起，及1千元的整数倍。资金自动回款，T日可用、T+1日可转。

（3）佣金。沪市1~4天期的为10万元一天1元（0.01‰）；7天期的为10万元每笔5元（0.05‰）；14天期的为10万元每笔10元（0.1‰）；28天期的为10万元每笔20元（0.2‰），28天以上的为10万元每笔30元封顶（0.3‰），深市比例相同。

（4）收益。以10万元做国债一天逆回购（利率4.305%）为例：10万元×4.305%×1天/365=11.79元，减去佣金1元，纯收益10.79元。

（5）技巧。国债逆回购收益率与银行利率成正比；股市活跃、新股发行时，收益率上升；季末、年末资金紧张，收益率蛟高，10%甚至40%以上的都有；平时周四利率较高，因为周五资金回来后不能取出，要等到下周一，可以获得三天利息；1~14天等短期品种更活跃。

3. 货币基金

货币基金是由基金管理人运作，基金托管人保管资金的一种开放式基金，专门投向风险小的货币市场工具。

（1）特点。本金安全：主要投资于国债、央行票据、商业票据、定期存单、同业存款、政府短期债券等高安全系数和稳定收益的品种。流动性强：可与活期存款媲美，买卖方便，到账时间短，流动性很高收益率较高：高于同期银行储蓄收益，具有国债投资的收益水平投资成本低：没有手续费，分红免收所得税，1000元起购。

（2）操作。跟基金买卖一样，在《股票账户十大功能》已有详细介绍。值得注意的是，货币基金还可以与该基金公司旗下的其他开放式基金进行转换，股市好的时候可以转成股票型基金，债市好的时候可以转成债券型基金。

（3）技巧。筛选货基有三个标准：长期业绩、稳健管理人、网销T+0。即看其长期业绩是否稳定居前，是否有一个强大稳定的管理团队，是否能够随时取现（T+0服务）。同时，还应坚持"买旧不买新、买高不买低、买短不买长"的原则。具体选哪只可以到天天基金网查阅排名情况。

基金排行

资料来源：天天基金网。

4. 可转债

可转换债券是可以按照发行时约定的价格将债券转换成公司的普通股票的债券。如果不想转换，则可以继续持有，到期时收取本金和利息，也可以随时在二级市场出售。该债券利率一般低于普通公司的债券利率。

可转债套利方法有哪些呢？

（1）折价转股套利。即以约定的价格转成股票，当转股后成本低于正股价的时候，卖出即可获利。例如，转股价是11元，当前可转债价格是108元，买入转债，转股后卖出可以获得110元，从而获得2元的套利收益。

（2）正股涨停转股套利。当正股涨停后，散户一般很难再买入，这时可以买入其对应的可转债，如果次日继续涨停，则可以套利。需要注意的是转股溢价率和次日正股是否还能上涨。

（3）博弈回售套利。可转债到期后，上市公司需还本付息，而转股则不需付出大量现金。为了避免可转债大量回售，公司往往会"想方设法"刺激正股上涨，投资者可在转股价 70% 附近或正股价持续 10 天在转股价 130% 以上时，反复买入卖出，获得套利，不过要注意大盘波动的风险。

（4）中签卖出套利。自从可转债采取了信用申购模式之后，一些优质可转债的申购中签也会获得跟新股中签一样的溢价收益，只是收益率稍低。同时，可转债申购并不是稳赚不赔的，不宜盲目顶格申购，而要充分考虑正股表现、公司基本面等因素后，再作是否申购的决定。

牢记风险控制

官方有句常用术语：投资有风险，入市需谨慎。巴菲特有句金玉良言：第一条是保住本金，第二条是保住本金，第三条是记住前两条。股民有句自嘲之语：你惦记的是股市的利润，股市惦记的却是你的本金……所有这些汇集到一起，就是一句话：牢记风险控制！

风险控制，从理论上说，有"止盈止损""科学持仓"等；从实践上看，更多的是对人性的控制，即树立正确的投资观念、培养良好的投资心态、遵守严格的投资纪律。具体来说，要吸取前人的投资教训，牢记以下八条禁令：

1. 不要负债投资

很多人可能觉得这条与己无关，自己用于投资的钱，既非借贷款，也不是急用钱、救命钱。殊不知，有很多投资者在炒股上瘾或信心爆棚后，都会走上负债投资的险路，而且这个比例还不低！实践表明，一旦开始负债投资，绝大部分人的心态、情绪、原则、方法都会受到极大影响，交易束手束脚、买卖瞻前顾后，甚至不能做出理性判断、发挥正常水平，在大市低迷、大盘向下时更加明显。正常投资若有亏损，亏的只是数字和时间，尚有翻身机会；负债投资若有亏损，亏的就不只是本钱，还可能搭上身家性命，永世不得翻身。

2. 不要押宝独苗

生活中，我们都知道不要吊死在一棵树上、放在一个篮子里。但在投资中，很多人都喜欢一把梭哈，押在一只独门股上，押中了鲍鱼海鲜，没中就关灯吃面。虽然也有命好赌中的，但常在河边走哪有不湿鞋，万一踩中是乐视网、长生生物这样的"地雷"，岂不要倾家荡产？

3. 不要投机赌运

A股历来有炒"差"（炒垃圾）炒"新"（次新股）的传统，说到底就是"投机赌运"的心理作怪，总想着乌鸡变凤凰、一夜暴富。当然，这与我们以前不完善的规则制度相关，排队上市难、买壳重组易。随着发行制度改革、注册制的推出，重实业、看业绩的价值投资必然成为主流，如果还抱着"炒差炒新赌重组"的守旧思想，必然陷入落后挨打的尴尬处境。如果一着不慎买个退市股，能否抽身就要听天由命了。

因疫苗造假被实施退市风险警示的长生生物连续跌停

4．不要道听途说

股市是个大杂烩，既孕育了许多专家名流，也滋生了不少蝇营狗苟，一些所谓的"大师、股神"要么打着"抱团跟庄、共同致富"的旗号，要么抛出"黑马、涨停板"的诱惑，吸引散户或为其接盘，或给其红利（赚了分成，亏了不管）。这些五花八门的"招式"经常把一些散户特别是新股民迷得神魂颠倒，清醒一点在受挫之后还能迷途知返，自制力差的往往深陷其中无法自拔。天上不会掉馅饼，股市也没有无缘无故的爱，但凡接到这样的电话推票、入群跟庄，就要多留个心眼，多一丝防备，最好直接拉入黑名单，不受其扰、不为所动，走"天道酬勤、学以致用"的阳光大道。

5．不走陌生险路

资本市场投资品种很多，有的收益低、有的收益高，但风险与收益成正比，有些风险不是正常心脏能够承受的。如近两年兴起的港股通，很多投资者连基本的交易规则都没搞清楚，就下重金入股，没想到港股不设涨跌停，一天就跌去90%；再如前两年炒得火热的比特币，一个月就跌回解放前……

这样的例子比比皆是，还是那句话：没有金刚钻，别揽瓷器活；不是你的菜，不要盲目爱。

6. 不走旁门左道

有些投资者急功近利，看不起小钱、慢钱，迷恋于内幕消息、违规配资、非法品种等赚大钱、快钱的路子，但这些路既不是正路，也没有回头路，一旦踏上，轻则血本无归、重则锒铛入狱。投资不是赌博，也不是买彩票，想发横财、赚黑心钱的，千万别忘了那句忠告：出来混，总是要还的。

7. 不要时刻全仓

古人云：话不说满、事不做绝。投资也一样，要留有余地。成熟稳健的投资者在历经心态、原则、方法、技巧等磨炼后，在大市向好的情况下确实可以全仓出动，绝佳时点偶尔也可尝试融资，但"一根筋"地时刻全仓就是鲁莽行事了。投资要有良好的心态，更要有科学的原则和方法。君子不立危墙之下，大市不好、趋势向下时，我们就要留存青山、保存实力，"意气用事、死扛到底"除了陷入被动、增加亏损，别无益处。

8. 不要辞职炒股

时而，我们会听到某某"得道成仙"后辞职炒股。没有体会过其中酸甜苦辣的人可能会心生羡慕，而过来人往往会语重心长地劝你：千万不要辞职炒股！炒股是一种投资、不是职业。辞职炒股者往往低估了市场的风险，高估了自己的能力。月有阴晴圆缺、股有涨跌起伏，倾巢之下，当你没有其他收入来源，只能看天吃饭时，那种任人摆布的痛，会让你深刻体会到市场的强大和自己的渺小。而且，辞职炒股跟借钱炒股一样，都会增加心理压力，影响正常水平的发挥。

风险无处不在、无时不有，牢记风险控制方能行稳致远。

必看资讯平台

当今世界，瞬息万变。一个政策可以改变一个行业，一个消息可以影响一个企业。及时掌握各类信息资讯，才能在第一时间做出正确决策、占据买卖先机。经过多年来的实践总结，凭心推荐四个平台，供大家获取及时、准确、专业的财经资讯：

1. 中央电视台（重大信息）

内容：CCTV-1每天晚上7点的《新闻联播》和每天早上7：00的《朝闻天下》、CCTV-2每天晚上8：30半的《经济信息联播》。

重点：及时了解国内外重大财经资讯，时刻关注国家政策变化和经济发展情况，从中捕捉个别地区、行业、企业投资机会。

2. 巨潮资讯网（基础信息）

内容：沪深两市上市公司报告、公告、预告、信息披露，个股融资融券、大宗交易、增减持、龙虎榜、解禁数据等。

重点：全面掌握所持个股的经营发展状况，并与同行进行对比分析；关注股份流通状况、大股东稳定程度、资金参与热度。

巨潮资讯网基础信息

3. 投资者关系互动平台（内部信息）

内容：传闻求证、互动回答、公司路演、业绩及重大事件说明会、研究报告、机构调研情况等。

重点：动态掌握股东人数变化，借鉴机构调研成果，充分发掘公司潜在投资机会，验证题材、传闻的准确性。

巨潮资讯网内部信息

4. 东方财富网（各类信息）

内容：涉及全球财经、股票、基金、期货、债券、外汇、银行、保险等金融资讯与财经信息，提供财经互动社区平台，满足用户互动交流和体验分享需求。

重点：及时获取各行各业、各地各类财经资讯，跟踪全球主要股指及商品期货走势，阅览名家博主分析评论，交流投资心得，学习借鉴他人长处，了解各种有效投资渠道和方法。

东方财富网各类信息

后 记

历时年余,《赢在投资》终与大家见面了,其艰辛笔者自知,其优劣请读者鉴之、正之。

这是一本投资书,一章一节,叙述了凭心十余年投资所得,涵盖心态心法、基础理论、独门技巧,自诩为"最贴股民、最合实用"的投资专著,适合各阶段的新老投资者品读借鉴。

这是一部成长史,一字一句,记录了凭心从小到大、从少到多的心得体会,父母的养育、家人的支持是最重要的物质基础和精神动力,铸成了凭心"生命在于奉献"的人生观。

这是一部奋斗史,一事一业,受益于长者刘岁文、王国安先生的无私关怀,恩师谭炎良、卞华教授的谆谆教诲,促成了凭心"生命不息、奋斗不止"的事业观。

这是一部情感史,一言一语,饱含了困惑时股友的经验之谈、困难时朋友的关心慰藉,助成了凭心"穷则独善其身,达则兼济天下"的价值观。

文章本天成,凭心仅仅是对世间本有的深厚的投资之道,做了一些个人分享;知音方赏之,真心感谢经济管理出版社对《赢在投资》的知遇之恩!

凭　心
2018 年 12 月 30 日